꼭두
각시의
영혼

꼭두각시의 영혼

첫 번째 찍은 날 2016년 12월 8일

글 _ 존 그레이
옮긴이 _ 김승진

편집 _ 김은주, 위정은
영업 _ 박희준
펴낸이 _ 이명희
펴낸곳 _ 도서출판 이후
표지 디자인 _ 박진범
본문 디자인 _ 이수정

등록 _ 1998. 2. 18(제13–828호)
주소 _ 121–754 서울시 마포구 양화로 156, 1229호(동교동, 엘지팰리스빌딩)
전화 _ 02–3141–9640 전송 02–3141–9641
www.ewho.co.kr

ISBN 978–89–6157–088–6 03100

이 도서의 국립중앙도서관 출판시도서목록(CIP)은 e–CIP
홈페이지(http://www.ni.go.kr/cip.php)에서 이용하실 수 있습니다.
(CIP 제어번호: CIP 2016027783)

꼭두각시의 영혼

인간의 자유에 대한 소고

존 그레이
John Gray

김승진 옮김

이후

"우아함은, 의식이 전혀 존재하지 않거나
무한히 많이 존재하는 인간 형태에서,
즉 꼭두각시의 상태이거나 신의 상태일 때 가장 순수하게
드러난다고 말할 수 있을 것입니다."

– 하인리히 폰 클라이스트Heinrigh von Kleist,
『꼭두각시 극장*The Puppet Theatre*』[1]

"그러니까 내 말은, 우리가 흙으로 만들어졌을 뿐이라는 점을
생각해야 한다는 것입니다."

– 필립 K. 딕Philip K. Dick,
『파머 엘드리치의 세 개의 성흔*The Three Stigmata of Palmer Eldritch*』[2]

차례

3장 위버-마리오네트의 자유

1장

꼭두각시의 신앙

우리 시대 초기에 영지주의는 기독교와 다툼을 벌였다.
패해서 궤멸됐지만, 우리는 가능했을지도 모를
그들의 승리를 상상해 볼 수 있다.[1]

― 호르헤 루이스 보르헤스Jorge Luis Borges,
"가짜 바실리데스를 위한 변론A Defense of Basilides the False"

마리오네트의 자유

　일견 꼭두각시는 자유가 없는 상태의 전형처럼 보인다. 꼭두각시는 자신의 의지를 갖고 있지 않다. 모든 움직임은 다른 이의 의지에 따라 이뤄진다. 손을 넣어 움직이거나 줄을 잡고 움직이면서 꼭두각시의 행동을 결정하는 인간이 그 뒤에 있는 것이다. 전적으로 외부의 정신에 의해 통제되는 꼭두각시는 어떻게 살아갈지에 대해 아무런 선택도 내리지 못한다.

　생명 없는 사물이 아니라면 이런 상황을 견디지 못할 것이다. 자유가 없다는 것을 느낄 수 있으려면 자기의식이 있는 존재여야 한다. 꼭두각시는 나무와 헝겊으로 만들어진 사물이어서 감정이나 의식이 없다. 꼭두각시는 영혼이 없고, 따라서 자신이 자유롭지 않다는 것도 알 수 없다.

　그런데 독일 작가 하인리히 폰 클라이스트Heinrigh von Kleist는 꼭두각시가 인간으로서는 결코 성취할 수 없는 종류의 자유를 보여 준다고 생각했다. 1810년 작품 『꼭두각시 극장*The Puppet Theatre*』에서, 화자 역할을 하는 등장인물은 공원을 산책하다가 최근에 오페라의 수석 무용수가 된 "헤르 C"를 만난다. 시장 광장에 세워진 꼭두각시 극장에서 몇 차례 헤르 C를 마주친 적이 있는 화자는 무용수가 "하찮은 통속극"을 보러 다닌다는 사실에 놀란다.

하지만 헤르 C는 무용수들이 꼭두각시극에서 배울 점이 많다고 대답한다. 줄을 잡은 사람에게 전적으로 통제되는 마리오네트가 지극히 우아한 춤동작을 보일 때가 있지 않은가? 애쓰지 않으면서 무심코 내보이는 마리오네트의 우아함은 어떤 인간도 따르지 못한다.

꼭두각시는 **억지로 꾸미는** 능력이 없습니다. 아시다시피 (…) 영혼이 동작의 무게중심이 아닌 곳에 놓여 있을 때면 언제나 꾸민 동작이 나오게 되지요. 꼭두각시의 경우에는, 줄을 조종하는 사람이 통제하는 단 하나의 지점 말고는 다른 중심점이 없기 때문에 인형의 팔다리들은 모두 그것들이 존재해야 하는 대로 존재합니다. 죽은 채로, 단지 중력의 법칙에만 복종하면서 흔들거리는 것이지요. 어떤 무용수에게서도 이런 훌륭한 특성은 발견할 수 없을 것입니다. (…) 꼭두각시에게는 **중력에 저항**할 수 있다는 장점이 있습니다. 물질이 무게를 지닌다는 속성은 무용수들에게 대체로 안 좋게 작용하지요. 하지만 꼭두각시는 이 요소를 완전히 무시할 수 있습니다. 그들을 공중으로 들어 올리는 힘이 땅으로 당기는 힘보다 크기 때문입니다. (…) 마리오네트는 마치 엘프처럼 바닥을 **흘낏 보기만** 할 뿐입니다. 마리오네트에게는 잠깐 멈춤이 팔다리에 새로운 추동력을 주지요. 하지만 무용수들에게 바닥은 **쉬기 위해**, 춤에 쏟은 노력에서 회복되기 위해 존재합니다. 무용수에게 그 순간은 분명코 춤이 아니며, 그 순간을 되도록 빨리 끝내는 것 말고는 할 수 있는 일이 없습니다.

역설적인 설명에 화자가 놀라자 헤르 C는 "코담배를 집어 맡으면서" 그에게 "창세기 세 번째 장을 꼼꼼하게 읽으라"고 조언한다. 화자는 무슨 말인지 바로 알아듣는다. 화자는 "인간이 자연적으로 가지고 있었던 우아함을 '의식'이 어떻게 손상시켰는지 잘 알고 있다." 그런데도 화자가 여전히 갸우뚱하자 헤르 C는 곰과 결투를 벌였던 이야기를 들려준다. 헤르 C는 검술을 배웠기 때문에 상대가 인간이었다면 쉽게 심장을 꿰뚫을 수 있었을 것이다. 하지만 곰은 아무런 노력도 들이지 않는 것 같으면서도 공격을 다 피해냈다.

"찌르기"도 시도해 보고 "페인트"[속임수 동작. 옮긴이]도 시도해 봤습니다. 땀이 줄줄 흘렀습니다. 다 소용없었어요! 곰은 세계 최고의 펜싱 선수처럼 내 공격을 모두 막아 냈습니다. 그뿐 아니라 내가 속임수 동작을 썼을 때는 아예 반응을 하지 않았어요. 어떤 검투사도 이런 능력을 따라할 수는 없을 것입니다. 곰은 내 영혼을 읽기라도 하듯 내 눈을 보면서 발톱을 세운 채 대비하고 있긴 했지만, 내가 찌르는 동작이 진짜가 아니면 움직이지 않았습니다.

인간은 동물이 보이는 이러한 우아함에 결코 미치지 못한다. 곰도, 꼭두각시도, 자기 투영적인 사고의 저주를 받지 않았다. 클라이스트에 따르면, 그 때문에 동물은 자유롭다. 인간이 설령 이런 상태에 도달할 수 있다 쳐도, 이는 무한히 더 의식적인 상태로 변형되고 나서나 가능한 일일 것이다.

무한을 통과해 지나가다 한 점에서 만난 두 선이 갑자기 다른 쪽 면에서 다시 만나게 되는 것처럼, 아니면 무한히 멀어졌다가 갑자기 다시 다가오는 오목거울 속의 상처럼, 의식이 무한을 통과하고 나면 우아함이 다시 오리라고 말할 수 있을 것입니다. 그러니까 우아함은, 의식이 전혀 존재하지 않거나 무한히 많이 존재하는 인간 형태에서, 즉 꼭두각시의 상태이거나 신의 상태일 때 가장 순수하게 드러난다고 말할 수 있을 것입니다.

대화는 다음과 같이 끝난다.

나는 약간 심란해진 상태로 물었다. "하지만 우리가 순수의 상태로 다시 떨어지려면 선악과(Tree of knowledge, 지식의 나무)를 또 먹어야 합니까?" 무용수가 대답했다. "바로 그것이 이 세상 역사의 마지막 장이 될 것입니다."²

『꼭두각시 극장』은 클라이스트의 말기 작품에 속한다. 클라이스트는 1777년 프러시아의 군인 집안에서 태어났다. 일반적인 직업이라면 그게 어떤 것이든 기질에 맞지 않았다. 집안에서는 공직으로 가길 원했지만 클라이스트는 자신이 작가라고 생각했다. 클라이스트는 유럽 곳곳을 떠돌아다니고 쓴 것을 불태우기도 하면서 스스로 만족할 수 있을 만한 작품을 쓰기 위해 분투했다. 한번은, 마치 이 분투를 포기하기라도 한 듯, 영국 침공을 준비하던 나폴레옹 군대에 들어가려 하기도 했다. 어쨌든 클라이스트는 분명 천재 작가였고, 일곱 편의 희곡, 여덟 편의 훌륭한 소설, 그리고 수많은 에세이와 서신을 남겼다. 죽기 직전에 없애 버려서 세상에 알려지지 않은 소설도 한 편 있는 것 같다. 클라이스트는 1811년에 자살했다. 타고나기를 동요와 불안정 없이 존재할 수 없었던 클라이스트는, 이 세상에서는 자신의 장소를 찾을 수 없었다.

알쏭달쏭한 대화로 구성된 『꼭두각시 극장』은 현대의 인류가 스스로에 대해 믿고 있는 바를 모조리 뒤흔든다. 어떻게 꼭두각시가, 아무런 의식적 지각의 낌새도 없는 기계적 고안물이, 인간보다 자유로울 수 있단 말인가? 의식적 지각이야말로 인간을 세상의 나머지와 구별해 주고 인간이 스스로 삶의 경로를 선택할 수 있게 해 주는 것이 아니던가? 하지만 클라이스트가 설명했듯이 자동기계적인 꼭두각시의 상태는 노예 상태가 아니다. 인간의 삶에 비하면, 마리오네트의 삶은 부러워할 만한 자유의 상태라고 보는 것이 더 타당해 보인다.

자유로운 상태로 살아가는 데 자기인식이 방해가 된다는 개념은 새로운 것이 아니다. 오래전부터도 사람들은, 일상적인 의식이 인간을 육신의 기계적인 움직임과 정신의 자유로움 사이에 어정쩡하게 끼여 있게 만든다고 생각했다. 이런 이유에서, 역사 내내 존재했던 신비주의 사조들은 일상의 의식이 초월된 상태를 자유로 여겼다.

현대사회에서 자유는 대개 인간 대 인간의 관계에서 행사되는 자유를 뜻한다. 이런 의미의 자유에도 여러 종류가 있다. 내가 원하는 것을 다른 이의 방해 없이 할 수 있는 상태를 말하기도 하고("소극적 자유negative freedom"라고 불린다), 남의 방해가 없는 상태로 행동하는 것에 더해 합리적인 인간에 걸맞은 방식대로 행동한다는 개념까지 포함하기도 한다. 또 국가나 사회가 어떤 방식으로 규율될지를 결정하는 데 참여하는 것을 자유의 행사로 보기도 한다. 하지만 클라이스트 같은 사상가들은 자유가 단지 인간 대 인간의 관계만을 말하지는 않는다고 생각했다. 이들에게 자유는, 무엇보다도 영혼이 갈등을 벗어난 상태를 의미했다.

고대 유럽의 스토아학파는 자기분열을 겪는 주인보다 노예가 더 자유로운 존재일 수 있다고 여겼다. 중국의 도교는 여러 가지 대안들의 경중이나 유불리를 고려하지 않고 그저 되어 가는 대로 세상사의 흐름에 반응하는 현자를 상상했다. 이와 비슷하게 일신교 신자들도 신의 의지를 믿고 따르는 것이 자유라고 보았다. 이러한 믿음을 가진 사람들이 열망한 것은 선택의 자유가 아니라 선택**으로부터의** 자유였다.

　선택으로부터의 자유를 열망하는 것을 독재자의 지배를 받고 싶어 하는 것이나 마찬가지라며 묵살해 버리기는 쉬울 것이다. 사실 과거에 많은 사람들이 그러기를 원했고 오늘날에도 크게 다르지 않다. 선택의 자유는 인간이 보편적으로 가진 욕구인지는 몰라도 가장 강한 욕구이지는 않다. 인간이 선택의 자유보다 먼저 원할 법한 다른 것들(가령 음식이나 주거)이 많다는 점에서만은 아니다. 더 중요한 것은, 남들이야 원하는 대로 사는 자유를 누리게 두건 어쩌건, 자기 자신은 자유 없이 사는 편이 더 행복하다고 여길 사람들이 언제나 많이 있으리라는 점이다.

　반면, 내면의 자유를 추구하는 사람들은 내면으로 침잠하는 것을 정부가 막지 않는 한 어떤 종류의 정부가 사회를 지배하고 있는지에 대해서는 관심이 없다. 이기적인 태도로 보이기도 하지만, 만성적으로 불안정한 시기에는 매우 합리적인 태도이기도 하다. 정치 체제가 영구히 존재하리라고 기대할 수 없는 상황 말이다. 유럽의 고대 말기가 그런 시기였다. 이때는 기독교가 그리스-로마 철학 및 신비주의 신앙들과 대립했다. 그런 시기를 또 하나 꼽으라면 오늘날을 들 수 있을 것이다. 오늘날에는 정치적 신념들이 약화되고 있는 상황에서 종교적 신념이 되살아나 과학의 신념과 대립하고 있다.

고대 말기 사람들은 자유가 인간 대 인간 사이에서 구축될 수 있는 상태가 아님을 알고 있었다. 그들이 보기에 이 세계는 너무나 제멋대로여서 규율이 불가능했다. 일부 신비주의 사조는 한 술 더 떠서 자유란 이 세계를 벗어나는 것이라고 보았다. 창세기 세 번째 장을 읽으라는 헤르 C의 언급에서 이러한 사조 중 가장 급진적인 종류 하나를 엿볼 수 있다. 바로 영지주의 신앙이다.

창세기 신화에서 아담과 이브는 에덴 동산에서 아무 노동도 할 필요 없이 살고 있었다. 그런데 금지된 선악과를 먹으면 신과 같아질 것이라고 뱀이 유혹하자 선악과를 먹었고, 신에게 불복종한 죄로 끝없는 노동에 일생을 바쳐야 하게 되었다.

전통적인 해석에 따르면 선악과를 먹은 것은 원죄다. 하지만 영지주의자들은 태고의 두 인간이 선악과를 먹은 것이 잘한 일이었다고 본다. 먹지 말라고 명령한 신은 진짜 신이 아니라 자기 권력에 의기양양해 하는 압제적인 하급신 데미우르고스이며, 뱀은 아담과 이브를 노예 상태로부터 자유롭게 해 주고자 온 것이다. 아담과 이브가 선악과를 먹고서 우아함에서 타락한 것은 맞다. 이는 말 그대로 "인간의 추락Fall of Man"이어서, 인간은 일상의 의식이 파악하는 희미한 세계로 추락했다. 하지만 꼭 이것이 최종 상태여야 한다는 법은 없다. 선악과를 먹었기 때문에, 이제 인류는 "의식적인 순수함"의 상태로 올라가는 것 또한 가능해진 것이다. 헤르 C는 이것이야말로 "이 세상 역사의 마지막 장"이 될 것이라고 말한다.

헤르 C는 자유에 대한 요구 중에서도 가장 비타협적인 요구를 보여 준다. 고대 영지주의자들은 인간을 진정한 신(이제는 세상에서 사라져 버린 신)의 작품이 아니라 불완전한 악신 데미우르고스가 만든 결함투성이 작품이라고 여겼다. "선택"이라는 경험을 겪어야 한다는 점이야말로 인간이 매우 결함 많은 창조물임을 보여 주는 증거였다. 진정한 자유는 선택의 부담 아래서 애써야 할 필요가 없는 상태일 것이고, 그 상태는 인간이 그가 속해 있는 자연 세계에서 벗어남으로써만 얻을 수 있을 터였다. 고대 영지주의자들에게 자유란 [지식을 통한] 형이상학적 공격으로 천국을 깨부숴야만 달성될 수 있는 것이었다.

오늘날 고대 영지주의자들은 모두 잊혔지만 여전히 많은 사람들이 자기도 모르게 영지주의적 견해를 갖고 있다. 이들은 과학적 물질주의로 인간을 완전히 파악할 수 있다고 믿으면서 "자유의지"라는 개념을 거부하지만, 자신이 자기 운명의 주인일 수 있으리라는 희망은 포기하지 못한다. 그래서 과학이 어찌어찌 인간의 정신을 그 정신의 조건 자체를 형성하고 있는 자연적 한계로부터 벗어나게 해 주리라고 믿는다. 지식의 힘으로 인간이 (다른 생명체는 가질 수 없는) 자유를 갖게 되리라는 영지주의적 믿음은 세계 곳곳에, 특히 서구 국가들에 널리 퍼져 있다.

클라이스트의 마리오네트 중 하나가 어쩌다 자기의식을 갖게 된다면, 그것이 갖게 될 종교는 영지주의일 것이다. 가장 야심찬 종류의 과학적 물질주의는 **인간이 곧 마리오네트**라고 본다. 인간은 유전자의 끈에 의해 조종되는 꼭두각시이며, 진화 과정에서 우연히 자기인식을 갖게 됐다는 것이다. 이토록 대담하게 비종교적인 견해를 설파하지만, 사실 이들은 자기도 모르게 신비주의 신앙에 사로잡혀 있다. 오늘날, 영지주의는 자신이 기계라고 생각하는 사람들의 신앙이다.

꼭두각시의 신앙

영지주의는 멀고 먼 고대부터도 존재했고, 상이한 시대와 장소와 문화권에서 되풀이되어 나타났으며, 종교와 철학과 주술에 두루 모습을 드러냈고, 현대의 과학과 정치에도 큰 영향을 미치면서,[3] 다양한 사상과 공존하고 경쟁하며, 또 다양한 사고방식에 스며들거나 숨기도 하며 존재해 왔다. 유대교, 기독교, 이슬람교, 조로아스터교, 마니교, 미트라교, 오르페우스교에는 모두 영지주의 분파가 있었다. 또 플라톤을 추종하는 그리스 철학자들에게도 영지주의 사상은 강력한 영향력을 발했다.

영지주의의 기원은 분명치 않지만 기독교가 형성된 무렵이면 영지주의도 체계적인 세계관으로 성숙해 있었던 것으로 보인다. 당시 대부분의 유대 예언자들처럼 예수도 인간의 삶을 선과 악의 투쟁으로 파악하는 조로아스터교에서 영향을 받았을 것이다. 이단으로 간주돼 탄압받기는 했지만, 기독교 안에는 늘 영지주의 분파들이 있었다.

영지주의적 개념들은 르네상스가 발흥하면서 가장 분명하게 드러났다. 합리주의자들은 르네상스 시기가 고전 문명이 재발견된 시기라며 찬양하지만, 이 시기는 주술에 대한 믿음이 가장 고도로 꽃핀 때이기도 하다. 엘리자베스 여왕 시절에는 연금술사와 강신술사(영혼을 읽는 예언가. 옮긴이)가 일상적으로 궁에서 조언을 했고, 옛 형태의 종교가 거부되는 한편, 새로운 형태의 주술이 널리 퍼졌다.

이런 의미에서, 17세기 독일의 점성술사이자 천문학자이고 수학자이자 신비주의자였던 요하네스 케플러Johannes Kepler는 르네상스 인물의 전형이라 할 만하다. 케플러는 질서와 조화의 섭리로 지배되는 우주를 믿기도 했지만, 우주에 법칙이 있다면 기계적인 법칙일 뿐이고 이 법칙들은 어떤 목적도 가지고 있지 않다고 보는 세계관으로의 전환을 촉발하기도 했다. 근대 초기의 다른 과학자들도 이와 비슷한 모호함을 보였다. 현대 물리학을 창시한 아이작 뉴턴Isaac Newton은 연금술과 수비학數秘學을 믿었고 성경의 묵시록에서 숨겨진 의미를 찾으려 애쓰기도 했다. 많은 면에서, 과학 혁명은 주술과 신비주의의 부산물이었다. 근대 과학의 얽히고 설킨 기원들을 풀다 보면 "과학 혁명"이라는 것이 존재했는지가 의심스러워질 정도다.

현대판 영지주의는 시인이자 소설가인 로렌스 두렐Lawrence Dur-rell의 연작 소설 『아비뇽 5중주The Avignon Quintet』에서 살펴볼 수 있다. 소설에는 이집트의 상인 겸 은행가이자 영지주의 사상을 갖고 있는 등장인물 아카드가 나온다. 아카드는 어떤 때는 뚱뚱하고 느릿느릿해 보이고 어떤 때는 금욕적이고 초췌해 보이며, 네 나라의 수도를 자유자재로 왕래하고 네 가지 언어를 자유자재로 구사한다. 또한 어떤 때는 서구 복식을 하고 어떤 때는 전통 의상을 입는다. 아카드는 이집트에 와 있는 몇몇 유럽인에게 영지주의의 가르침을 전하려 한다. 아카드는 주요 종교들이 오래도록 영지주의를 파괴하려 한 와중에서도 여전히 살아남아 있는 가르침을 모아 사람들에게 이야기한다.

영지주의가 전하는 통렬한 진리는, 선한 신의 세상은 죽은 세상이고 악신이 선신의 자리를 차지했다는 공포스러운 깨달음이다. (…)

영지주의가 억압 받고 검열 당하고 파괴된 것은 이런 진리를 깨달았고 또 공공연히 설파했기 때문이었다. 세상의 진리에 직면하기에 인간은 너무나 약하다. 하지만 [세상의] 실제 속성과 과정에 명징한 정신으로 직면하는 사람이라면 악이 세상을 지배한다는 결론을 피할 수 없음을 알게 될 것이다.

영지주의자는 이렇게 묻는다. 어떤 종류의 신이 세상을 이렇게 만들 수 있었겠는가? 허투루 지어진 죽음과 소멸의 세상, 그런데도 구세주가 올 것이며 그 아래에는 선함의 샘물이 있는 척 말하는 세상을 말이다. 어떤 신이 이렇게나 파괴적이고 자멸적인 기계를 만들 수 있었겠는가? 자연의 영혼 중에서 죽음을 향하는 어둡고 부정적인 영혼만이, 무無의 영혼이자 스스로를 파멸시키는 영혼만이 그럴 수 있다. 인간이 서로의 먹이이자 서로의 사냥감인 세상······.[4]

영지주의는 세상을 사악한 작품이라고 봄으로써 자유에 대해 새로운 전망을 제시했다. 이들이 보기에 인간은, 자유가 법칙에 복종하는 것을 의미하는 질서에 속해 있지 않았다. 오히려 지상의 것들을 지배하는 법칙에 대항해야만 인간이 자유로워질 수 있었다. 인간은 육신 있는 존재에 따르는 제약들을 거부하고 자연 세계에서 탈출해야 했다. 영지주의 개념이 현대 과학과 맞지 않는 것처럼 보일지 모르지만, 사실은 그 반대다. 오늘날 우리에게 알려진 바로 우주는 (선한 것이건 아니건 간에) 어떤 총체적인 목적을 표현하는 법칙에 따라 작동하는 것이 아니다. 우리가 사는 세상은 조화로운 우주가 아닐지도 모른다. 자연의 법칙처럼 보이는 것이 사실은 아무 법칙도 표현하지 않는, 그저 반복되는 것들의 묶음일 뿐인지도 모른다. 우주에 대해 우리가 아는 것이라고는 기껏해야 바닥의 혼돈뿐인지도 모른다. 그래도 영혼을 자연 세계에서 해방시키려는 프로젝트는 사라지지 않았다. 우주적 법칙에 저항함으로써 자유를 찾겠다는 꿈은 인간이 어찌어찌 스스로를 자연의 정복자로 만들 수 있으리라는 믿음으로 되살아났다.

결정結晶학자 J. D. 버날(J. D. Bernal, 1901~1971)은 영지주의가 현대 과학에 어떻게 결합했는지를 잘 보여 준다. 버날은 영국에서 가장 영향력 있는 과학자로 꼽히기도 했고, 평생 공산주의자였으며, 스탈린 평화상 수상을 자랑스러워했다. 버날은 소련이 과학적으로 계획된 사회를 창조하고 있다고 확신했다. 하지만 버날의 야망은 사회제도를 합리적으로 재구성하는 것에 그치지 않았다. 버날은 과학이 진화 과정에 도약을 일으켜서 인간이 생물학적 개체가 아니게 될 방향으로 길을 열게 되리라고 보았다. 과학사학자 필립 볼 Philip Ball이 묘사했듯이, 버날은 인간 사회가 "외과적 기술로 만들어진 기계 신체를 가진 포스트-휴먼 사이보그들의 유토피아"로 대체될 것을 꿈꿨다. 심지어 버날의 야망은 여기서 그치지도 않았다. 버날은, 미래에는 "개인성과 필멸성이 지워지고 없는" 상황이 될 것이고 인간은 더 이상 타인과 구분되는 물리적 실체를 갖지 않게 될 것이라고 생각했다.

버날은 『세계, 육신, 악마: 합리적 정신의 세 가지 적의 미래에 대한 소고The World, the Flesh, and the Devil: An Enquiry into the Future of the Three Enemies of the Rational Soul』에서 이런 생각을 명시적으로 밝혔다. "완전히 영적인 존재가 될 인류에게서는 의식 자체가 끝나거나 사라질 것이다. 인간은 촘촘하게 짜인 유기체적 형태를 잃고 공간 속에서 에너지 방사의 형태로 소통하는 원자들의 덩어리가 될 것이며 아마도 궁극적으로는 빛 속으로 완전히 용해될 것이다."⁵

버날의 책은 1929년에 나왔지만 매우 비슷한 개념이 오늘날에도 존재한다. 미래학자이자 〈구글〉 기술 이사인 레이 커즈와일Ray Kurzwil의 "특이점singularity" 전망도 이런 개념의 영향을 받았다. 특이점이란, 지식이 폭발적으로 증가해 인간이 스스로를 물질세계에서 해방시키고 생물학적 존재이기를 멈추게 되는 지점을 말한다. 커즈와일의 책 『특이점이 온다The Singularity is Near』의 부제는 "인간이 생물학을 초월할 때When Humans Transcend Biology"⁶이다. 상정하고 있는 기술의 종류는 다르지만(버날이 외과적 기술로 만든 사이보그를 염두에 두었다면, 커즈와일은 인간의 뇌를 사이버 공간에 업로드하는 것을 염두에 두었다) 인간 정신을 물질의 감옥에서 해방시킨다는 궁극적인 목적은 버날과 커즈와일이 동일하다. 이런 개념은 분명 영지주의와 유사점이 있다. 여기에서도, 억압되고 잊힌 종교적 믿음이 지극히 비종교적이고 세속적인 사상의 바탕을 이루고 있다.

고대 영지주의와 현대 영지주의 모두 두 개의 믿음을 작동시킨다.[7] 첫째는 인간이 물질세계에 갇힌 의식의 불꽃이라는 믿음이다. 영지주의자들은 세계에 질서가 존재한다는 것을 부인하지는 않았다. 하지만 그 질서가 사악함을 구현하고 있다고 보았고, 따라서 그것에 복종하기를 거부했다. 그들이 보기에, 창조자는 좋게 봐도 엉성하거나 무책임하거나 자신이 만든 세계를 까먹고 있었으며, 나쁘게는, 사악하거나 미쳤거나 오래전에 죽었을지도 몰랐다. 이 세계를 지배하는 것은 열등하고 사악한 하급신 데미우르고스이며, 인간은 자신이 처한 진정한 상황을 알지 못한 채 최면 같은 상태로 어두운 우주에 사로잡혀 살아간다. 이는 영지주의가 불러일으키는 두 번째 믿음으로 이어진다. 어떤 특정한 종류의 지식을 획득하면 인간이 그 노예 같은 상태를 탈출할 수 있다는 믿음이다. 영지주의의 그리스어 "그노시스Gnosis"는 "지식"이라는 뜻이고, 영지주의자에게 지식은 자유의 열쇠다.

영지주의자들이 보기에, 인간은 설계도 엉망이고 제작도 엉성한 창조물이다. 그리고 축복인지 저주인지는 모르지만 삶과 세계의 진정한 상태에 대해 간헐적으로 통찰을 얻을 수 있다. 일단 선악과를 먹으면 인간은 자신이 우주의 이방인임을 알게 되고, 그 시점부터는 자기 자신과, 또 이 세상과 전쟁을 벌이며 살게 된다.

영지주의자들은 이 세상이 악하다고 봄으로써 그 이전의 사고방식과 결별했다. 고대 이집트와 인도의 신앙은 세상이 빛과 어둠,

좋은 것과 나쁜 것으로 구성되어 있다고 보았다. 하지만 이것들은 우주적인 투쟁에 사로잡혀 있다기보다는 한 쌍을 이루면서 번갈아 순환한다고 여겨졌다. 세상을 창조적 힘과 파괴적 힘의 상호작용으로 본 애니미즘도 비슷한 개념을 보인다. 이러한 우주에서는 유일신교를 오래도록 괴롭히게 되는 악에 대한 질문이 존재하지 않는다.

악을 적극적인 힘으로 보는 개념은 조로아스터교에서 유래했을 것이다.[8] 조로아스터는 예수보다 몇 세기(정확한 연대는 논란이 있다) 앞서 살았던 이란의 예언자로, 세상이 빛과 어둠의 투쟁 장소이며 이 투쟁에서 빛이 승리할 수 있다고 믿었다. 몇 세기 뒤에 이란의 또 다른 예언자 마니(마니교의 창시자)도 선이 승리할 수 있다고(선의 승리가 반드시 보장되어 있다고 본 것 같지는 않지만) 생각했다. 아마도 이 무렵쯤, 여러 대안들을 놓고 오락가락하는 감정이 "자유의지"라는 개념으로 정립된 것으로 보인다.

이 세상이 악을 구현하고 있다는 개념은 이원론적인 신앙에서 나왔다. 히브리 성경[구약]에는 이런 개념이 나오지 않는다. 여기에서 사탄은 악의 화신이라기보다는 대립적인 인물로서 그려진다. 악이 사악함을 발현하는 주체적 세력으로 등장하는 것은 신약에 이르러서다. 그 이후로 내내, 기독교는 이러한 악의 개념을 "오로지 선하고 전능하신" 신에 대한 믿음과 조화시키기 위해 고전했다.

마니교에서 개종한 아우구스티누스는 악을 선의 부재로 봄으로써 이 문제를 해결하려 했다. 자유의지를 잘못 사용해서 우아함에서 추락한 것이 악이라고 본 것이다. 하지만 선과 악이 반대되는 세력이라고 보는 분파는 사라지지 않고 기독교 내에 계속 존재했다. 13세기 초에 작성된 카타리파* 문서 『두 개의 원칙에 대한 서 *The Book of the Two Principles*』(현전하는 카타리파 문서 중 가장 체계적인 것으로 꼽힌다)는 선의 원칙과 별개로 "악의 원칙"이 존재하며 이 악의 원칙은 "부당함을 발휘하는 강력한 권능이 있고, 사탄의 힘과 어두운 힘, 진정한 신에게 적대적인 모든 힘은 본질적으로 이것으로부터만 나온다"고 말한다. 이를 뒷받침하기 위해 "좋은 나무는 사악한 열매를 내놓지 못하며 썩은 나무가 좋은 열매를 내놓지도 못한다"는 예수의 말(마태 7장 18절)도 인용하고 있다.'

이런 말의 해석이야 어찌되었든, 기독교 안에는 늘 상충하는 요소들이 있었다. 기독교든 영지주의든 다른 어떤 종교든, "순수한 기원"이라는 것은 존재하지 않으며 기원은 파편들의 형태로만 찾을 수 있다.

현대의 세속 사상에 등장한 악의 개념은 기독교의 유산이다. 물론 합리주의자들은 이런 생각을 부인해 왔다. 하지만 곧 악의 존재 없이는 살 수 없음을 깨닫는다. 합리주의자들은 과거에 악이라

---

* 순수파라고도 불린다. 극단적인 이원론으로, 선은 악과 섞일 수 없으며, 따라서 악이 존재하는 현세가 선신이 창조한 것일 수 없다고 보았다. 즉 현세는 악신이 창조한 악 자체이며, 영적인 세계만이 선신이 창조한 것이라고 여겼다. 옮긴이

고 여겼던 것은 사실 오류이자 무지의 산물이며 인간은 이를 극복할 수 있다고 말한다. 여기에서 이들은 유일신교로 이어진 조로아스터교의 주제를 반복하고 있다. "'창조물들의 영장'인 인간이 진리의 힘과 비非진리의 힘이 벌이는 싸움의 최전선에 있다"는 믿음 말이다.[10] 그렇다면, 인류가 이성의 소리에 귀를 닫고 있다는 점은 어떻게 설명할 수 있을까? 이에 대해 합리주의자들은 사악함에 이해관계를 두고 있는 자들을 근거로 댄다. 사악한 사제들, 미신을 이용해 먹는 사람들, 악의적으로 계몽을 반대하는 자들, 악의 세력의 비종교적인 현신들 등으로 설명하는 것이다.

너무나 자주, 비종교적임을 표방하는 사상들이 종교가 주는 가장 소중한 통찰들은 억압한 채로 종교를 따르곤 한다. 현대의 합리주의자들은 악의 개념을 거부하는 동시에 악의 개념에 집착한다. 자신이 어둠에 맞서 싸우는 전사라고 생각하면서도 인류가 어둠을 왜 그렇게 좋아하는지는 생각해 보지 않는다. 합리주의자들은 종교가 직면했던 악의 문제와 동일한 문제를 가지고 있다. 차이는, 종교를 믿는 사람들은 해결할 수 없는 문제에 직면해 있다는 사실을 아는 반면, 세속의 신앙을 가진 사람들은 그것을 모른다는 점이다.

자기 내부의 악을 깨달은 옛 신앙인들은 인간의 행동으로 그것을 쫓아 버릴 수는 없다는 것을 알고 있었다. 하지만 오늘날의 비종교적 신앙인들은 그런 겸손한 통찰을 잃고서 더 높은 종을 창조하려는 꿈을 꾼다. 그들은 자신의 계획이 가진 치명적인 결함을 깨닫지 못했다. 새로 만들어질 종이 무엇이건 간에, 그것은 현실에 존재하는 [결함투성이의] 인간들에 의해 만들어지게 되리라는 점 말이다.

데미우르고스와 마네킹

창세기를 영지주의적으로 해석한 클라이스트의 에세이는 수세 대의 작가와 시인을 매혹했다. 그중 가장 뛰어나고 독창적인 사람 으로 브루노 슐츠Bruno Schulz를 꼽을 수 있을 것이다. 폴란드 유대 인 작가이자 화가인 슐츠는 『마네킹에 대한 논고Treatise on Tailor's Dummies』에 "창세기 제2서The Second Book of Genesis"라는 부제를 붙 였다. 이 가상의 논문에서, 화자는 "형이상학적 주술사"인 아버지 가 저녁 바느질 모임에 모인 젊은 여성들에게 들려준 "몹시 흥미 롭고 기이한 강의들"에 대해 이야기한다. 화자에 따르면, 살아 있 는 모든 것은 데미우르고스의 작품이다. 그런데 이 데미우르고스 는 물질 자체다. 이것은 생명이 없지도 않으며 고정된 형태이지도 않다.

아버지는 말했다. "데미우르고스는 창조의 기능을 독점하지 않았다. 창조는 모든 정령이 가진 특권이기 때문이다. 물질은 무한한 산출의 가능성과 고갈되지 않는 생기를 가지고 있을 뿐 아니라, 우리들더러도 무언가를 창조해 보라고 유혹하는 매혹의 힘도 가지고 있다. (…) 물질 전체는 둔한 전율의 파동을 일으키는 무한한 가능성으로 맥동친다. 물질은 생명을 불어넣을 영혼의 숨결을 기다리면서 영원히 운동한다. 물질은 그 자신 안에서 거침없이 맹목적으로 고안해 내는 천 가지의 달콤하고 부드럽고 둥근 모양으로 우리를 유혹한다."[11]

슐츠의 글에서 데미우르고스는 어떤 의미도 가지지 않은 채 맹목적이고 거침없는 창조성을 발휘하는 물질이다. 그리고 그와 비슷한 창조적 충동이 가득 찬 존재들을 만들어 낸다. 그 존재들에게 일단 의식이 생기면, 그것들은 자신도 데미우르고스가 되고자 한다.

"너무 오랫동안 우리는 데미우르고스의 완벽함을 상대할 수 없으리라는 두려움에 빠져 살았다." 아버지는 이렇게 말했다. "너무 오랫동안 데미우르고스가 창조하는 것의 완벽성이 우리의 창조 본능을 마비시켰다. 우리는 데미우르고스와 경쟁하기를 원하지 않는다. 우리는 데미우르고스에게 필적할 야망이 없다. 그보다, 우리는 우리 자신의 더 낮은 영역에서 창조자가 되고자 한다. 우리는 창조의 특권,

창조의 즐거움을 원한다. 한마디로, 데미우르고스를 원한다."[12]

슐츠에 따르면, 어쩌다 자연 세계 안에 존재하게 된 인간은 그 세계에서 데미우르고스의 역할을 한다. 물론 인간은 인간의 의지와 상관없이 작동하는 과정에서 우연히 생겨났으므로 자신이 "창조의 목적"이라고 주장할 수는 없다. 하지만 모종의 의식적 지각을 하려는 경향은 물질의 작동 자체에 내재한 것으로 보일 수 있으며, 인간은 이 경향을 가장 높은 정도까지 발달시키고자 하는 것처럼 보인다. 인간은 양장점의 마네킹과 같다. 화자의 아버지가 말하기를,

밀랍 인형 박물관의 인형들 (…) 장터 마당에 나오는 마네킹의 모조품까지도 하찮게 여겨져서는 안 된다. 물질은 절대로 농담을 하지 않는다. 물질은 언제나 비극적인 진지함으로 가득 차 있다. 누가 감히 물질과 농을 걸 수 있다고 생각하는가? 누가 감히 농담 삼아 물질을 가지고 모양을 형성해 낼 수 있다고 생각하는가? 누가 감히 농담이 그 안을 파고 들어가 운명처럼, 숙명처럼 새겨지지 않을 것이라고 생각하는가? 자신이 왜 그것이어야 하는지, 자신이 왜 그 강요된 형태, 모조품에 불과한 형태로 존재해야 하는지 모르는 마네킹으로 물질이 둔탁하게 갇혀 들어갈 때 함께 새겨지는 고통을 상상할 수 있는가?[13]

오랫동안 인간은 자기 자신의 더 우월한 버전을 만들겠다는 꿈에 사로잡혀 있었다. 중세 전설에서의 호문쿨루스*나 골렘,** 현대의 "생각하는 기계"(인간보다 막대하게 뛰어난 계산 능력이 있으며 어쩌면 인간보다 월등히 많은 자기의식도 갖게 될)처럼 말이다.

"데미우르고스는 완벽하고 우월하고 복잡한 물질을 좋아했다. 반면 우리는 쓰레기에 우선순위를 둘 것이다. 우리는 물질의 열등하고 싸구려 같고 조잡한 면에 홀리고 매혹된다. (…) 한마디로, 우리는 마네킹을 닮은 형태로 인간을 또다시 만들어 내고 싶다." 아버지는 이렇게 말했다.[14]

"알 수 없는 엄숙함"을 가지고 화자의 아버지("영성을 얻은 이단자")는 영지주의적 신화를 설명한다.

데미우르고스에게는 중요하고도 흥미로운 창조의 레시피들이 있었다. 데미우르고스는 그 레시피들을 가지고, 자신의 장치들로 스스로를 새롭게 다시 만들어 낼 수 있는 종들을 수없이 많이 만들어 냈다. 그 레시피들이 다시 생길 수 있을지는 알 수 없다. 하지만 그것

---

* 연금술로 만들 수 있다고 믿어진, 아주 작은 인간. 옮긴이
** 흙으로 빚은, 사람을 닮은 존재. 영혼도 없고 말도 하지 못하지만 인간의 지시에 따라 행동은 할 수 있다고 여겨졌다. 옮긴이

들은 필요치 않을 것이다. 정통적인 창조 방식을 모른다 해도, 불법
적인 방식, 이단적이고 범죄적인 창조 방식은 언제나 무수히 존재할
것이기 때문이다.[15]

영지주의 개념에서 넘어온 이 전망은 현대 과학에 많은 영감을
주었다.

슐츠의 소설에서 화자의 아버지는 현대 과학이 암묵적으로 가
지고 있는 전망을 이야기한다. 이 전망에 따르면, 인류는 자연의
장난으로 만들어졌을지 모르나, 어쨌든 세상에 오게 된 인간 동
물은 증가해 가는 지식을 이용해 스스로를 더 상위의 형태로 재
창조할 수 있다. 데미우르고스 신화가 진화의 신조로 표현된 셈
이다.

서정적이면서도 역설적인 슐츠의 이야기는 저자 슐츠의 성격을
반영한다. 슐츠의 작품 중에는 아주 밋밋한 일상이 마술적인 모습
으로 드러나는 것들이 많다. 슐츠는 가게 내부가 세상의 전부이고
그 안에 있는 조잡한 싸구려 물건들이 숭고한 풍경을 형성하는 작
품이라든지, 어느 가족의 이야기가 마치 고대 영웅 전설처럼 펼쳐
지는 작품 등을 남겼다. 슐츠는 인간의 삶은 신화를 통해 가장 잘
이해될 수 있다고 생각했다. 1936년에 쓴 에세이 「현실의 신화화
The Mythicization of Reality」에서 슐츠는 이렇게 언급했다. "우리의 사상
중 신화에서 나오지 않은 것은 없다. 신화가 변형되고 훼손되고 변

질된 것이 우리의 사상이다".[16]

슐츠 자신의 작품에 영향을 준 신화에서, 개인성이란 연출된 무대 전시다. 그 무대에서 물질은 인간의 역할이든 바퀴벌레의 역할이든 일시적인 역할을 부여받고서 곧 지나간다. 이러한 과정의 지속이 데미우르고스다. 인간이 자신의 상위 버전을 만들고자 할 때, 이는 물질의 명령에 복종하는 것이고 인간의 창조물은 인간이 상상할 수 있는 어떤 것과도 다를 것이다.

슐츠는 20세기 유럽에서 드러난 야만성의 한가운데서 삶을 보냈다. 그는 1892년 오스트리아-헝가리 제국 갈리시아 지방의 작은 마을 드로호비치에서 상인 집안의 아들로 태어났다. 미술에 관심이 있었지만 그것으로는 생계를 유지할 수 없었고 몸이 불편한 친척을 부양해야 했기 때문에 인근의 학교에서 교사가 되었다. 하지만 교사 일로 시간과 에너지를 창조적인 일에 쏟지 못하게 되는 것에 점점 절망했다. 유대교에서 가톨릭으로 개종한 어느 여성을 깊이 사랑했고 약혼도 했지만 결국에는 성사되지 못했다. 이렇듯, 외면적인 삶은 만족스러워 보이지 않았을지라도, 슐츠는 그림, 소설, 스케치 등 빛나는 작품을 계속 내놓았다.

현재는 우크라이나에 속하는 슐츠의 고향은 제2차 세계대전 때 소련과 나치 둘 다에 점령됐다. 나치 점령 시절에 슐츠는 게토에 살았지만 한동안은 나치 장교 한 명에게 약간의 보호를 받았다. 장교가 자기 아이의 방 벽에 그림을 그려 주는 대가로 먹을 것과 어느 정도의 보호를 제공한 것이다. 슐츠는 유대인에 대한 강제 이송과 학살이 벌어지고 있다는 것을 알고서 자신의 작품 중 일부를 유대인이 아닌 친구에게 맡겼다. 1942년 11월 19일, 장교 집 아이 방 벽에 그림 그리는 것을 다 마친 지 얼마 되지 않아서 슐츠는 빵 한 덩어리를 얻어 들고 걸어서 게토로 돌아오다가 다른 나치 장교의 총에 맞아 숨졌다. 슐츠에게 그림을 그리도록 한 장교는 슐츠를 죽인 장교가 보호하던 유대인을 죽인 적이 있었다. 그래서 그 장교는 보복으로 슐츠를 죽여도 된다고 생각했다. 그는 자랑하듯이 이렇게 말했다고 한다. "당신이 내 유대인을 죽였으니 나도 당신 유대인을 죽였소."

살해당할 당시에 슐츠는 탈출을 준비하고 있었던 것 같다. 바르샤바에 있는 친구들을 통해 가짜 서류와 돈을 준비해 두고 있었던 것이다. 어쩌면 바로 그날 밤에 드로호비치를 떠날 계획이었는지도 모른다.(어디로 떠날 생각이었는지는 불확실하다.) 슐츠의 작품 대부분은 흔적도 없이 사라졌다.(장교 집 벽에 그린 그림은 60년쯤 뒤에 발견됐다. 그 방은 식품 창고가 돼 있었다.) 하지만 슐츠의 빛나는 영혼은 현대의 신화를 유쾌하게 조롱한 『마네킹에 대한 논고』 같은 이야기에 남아 있다.

레오파르디와 기계의 영혼

클라이스트의 에세이 『꼭두각시 극장』에서 인간은 꼭두각시의 우아한 자동기계 상태와 신의 의식적인 자유 상태 사이의 어디쯤에 묶여 있다. 인간의 행동이 엉성하고 덜커덩거리는 것은 삶의 경로를 스스로 정해야만 한다고 느끼기 때문이다. 동물은 자신이 따라갈 삶의 경로를 선택할 필요를 느끼지 않고 살아간다. 그들도 쿵쿵거리며 불확실한 세상을 탐색하지만, 이 불확실성은 그들에게 영원한 조건이 아니다. 동물은 일단 안전한 곳에 도착하면 쉰다. 반면 인간은 전전긍긍하며 어떻게 살아야 할지를 결정하느라 인생을 소모한다.

클라이스트가 『꼭두각시 극장』을 쓴 지 얼마 되지 않았을 무렵, 이탈리아 시인 자코모 레오파르디Giacomo Leopardi가 인간의 자유가 의미하는 바에 대한 견해를 또 하나 제시했다. 레오파르디는 슬픈 분위기의 운문 작품으로 잘 알려져 있으며 낭만주의 사조에 속하는 시인으로 흔히 여겨진다. 하지만 인간에 대한, 그리고 자연에서 인간이 점하는 위치에 대한 레오파르디의 견해는 낭만주의 견해와 정반대다. 낭만주의는 무한함의 신조를 지향하지만 레오파르디는 유한성과 제약성이 문명(그게 무엇이건)에 필수적이라고 보았다. 레오파르디가 보기에, 이 시대의 질병은 사람들이 과학이 주는 권능에 취한 것과 과학이 드러낸 기계적인 세계를 받아들이지 못한 것이 함께 작용한 결과였다. 이 질병에 치료법이 있다면, 그것은 의식적으로 착각과 환상을 만들어 내는 것이어야 했다.

시를 제외하면 레오파르디 생전에 출간된 글은 짧은 에세이 한두 편뿐이다. 현대의 질병에 대한 레오파르디의 진단이 이탈리아에서 책으로 나온 것은 그의 탄생 100주년인 1898년이었으며 영어 완역본은 2013년에야 나왔다. 이 책이 『지발도네*Zibaldone*』("사고의 뒤죽박죽"이라는 뜻이다)로, 자신에게 쓴 메모 형식으로 돼 있으며 고대 역사, 고대 문헌학, 종교에 대한 비판, 새로운 물질주의와 같은 주제들을 아우르면서 과학적 지식이 인간 해방의 도구가 될 수 있다는 믿음을 체계적으로 해체한다.

『지발도네』는 손으로 쓴 4천5백 페이지짜리 메모로 돼 있는데, 대부분 레오파르디가 20대 초반이었을 때 작성됐다. 그때 레오파르디는 고루한 아버지가 자신이 여전히 귀족 계급에 속한다는 징표로 칼을 차고 다니던 교황령 외곽 벽지 레카나티의 가족 저택에 살았다. 레오파르디는 그 저택의 서재에서 『지발도네』를 썼고 그리스어와 히브리어도 공부했다. 웅크린 자세로 서재에 오래 있느라 등이 굽고 시력이 나빠졌으며 평생 몸이 약했다. 피렌체의 어느 유부녀와 성공적이지 못한 교제를 한 것을 제외하면 사람들과 거의 만나지 않았고, 오랜 기간 가난으로 고통도 받았으며, 말년에는 나폴리에서 친한 남성 친구 한 명과 살았다.

레오파르디는 섬세한 시인이기도 하지만 근대의 이상들에 대해 무자비한 비판을 가한 사람이기도 하다. 레오파르디는 인간 동물이 향상되고 있다는 근대의 개념을 받아들일 수 없었다. 어떤 문명이 다른 문명보다 나을 수는 있지만 어떤 문명도 인류 보편의 길을 제시하지는 않는다고 보았다. "현대 문명을 단순히 고대 문명의 연속, 고대 문명의 단순한 진보로 여겨서는 안 된다. (…) 두 문명은 본질적으로 다르다. 두 개의 별개 문명이며 그렇게 여겨져야 한다. 혹은 문명의 두 종이라고 볼 수도 있을 것이다. 서로 다르며, 각자 완결적인 종인 것이다."[17] 레오파르디는 두 문명 중 고대 문명에 더 공감했다. 고대 문명에서의 삶의 방식이 행복으로 이끌어 주기에 더 적합하다고 봤기 때문이다. 하지만 그 세계가 다시 올 수 있으리라고는 생각하지 않았다.

레오파르디에 따르면, 근대 문명을 이끈 것은 지식의 증가다. 인류는 이전 어느 세대보다도 많은 것을 알게 되면서 종교를 포함해 과거의 환상들을 벗어 버렸다. 하지만 종교에 대한 이러한 거부 자체가 기독교 신앙의 부산물이다. 그리고 그렇게 종교를 거부한 결과, 더 해로운 환상들이 생겨났다.

고대의 다신교도 상상의 산물 이상은 아닐 것이다. 하지만 알지 못하는 세계를 살아가는 데 유용했다. 또한 고대의 다신교는 보편 진리를 담고 있노라 자처하지 않았다. 그런데 기독교는 전체 세계에 대한 계시를 보여 준다고 주장하면서 이전의 종교가 가지고 있었던 포용력 있는 환상을 잠식했다. 하지만 고대 세계는 그 자신을 무너뜨릴 씨앗을 철학 안에 이미 가지고 있었다. 고대 철학의 회의주의적 질문 방식은 인간과 사회를 마비시킬 정도로 심각한 불확실성의 상태를 초래했고 기독교가 이를 치유하겠다고 나섰다. 기독교인들은 기독교 신앙이 고대 세계에 "진리"를 보여 줌으로써 그 세계를 의심에서 구원했다고 생각한다. 하지만 레오파르디는 기독교가 "환상"을 보여 줌으로써 고대 세계를 의심에서 구원했다고 보았다.

> [고대] 세계를 파괴하고 있었던 것은 환상의 결여였다. 기독교는 진리여서가 아니라 새로운 환상의 원천이었기 때문에 고대 세계를 구할 수 있었다. 기독교가 산출한 효과들, 즉 열정, 광신, 너그러운 희생, 영웅주의 등은 위대한 환상이라면 다 가지고 있을 만한 일반적인 효과들이다. 여기에서 우리는 그 환상이 참이냐 거짓이냐를 논하려는 게 아니다. 다만 그것이 자신에게 유리한 어떤 것도 증명하지 못한다는 것을 이야기하려는 것이다. 그렇다면, 그 환상은 어떻게 해서 수많은 장애물을 딛고 스스로를 정립할 수 있었을까? (…) 인간의 마음이 얼마나 큰 환상을 품을 수 있는지를 알지 못하면 누구도 인간의 마음을 파악할 수 없다. 인간의 마음은 환상이 자신의 이해와 상충할 때도 그것을 품을 수 있으며, 명백히 자신에게 해가 되는 환상에 빠지는 경우도 매우 흔하다.[18]

이성의 발달은 문명에 꼭 필요한 환상들을 약화시켰다.

이성의 진보와 환상의 소멸이 야만을 낳았다는 데는 의심의 여지가 없다. (…) 야만의 가장 큰 적은 이성이 아니라 자연이다. 자연은 (물론 합당하게 그것을 따를 때만) 사람들을 진정으로 문명화되게 해 주는 환상들을 제공한다. (…) 환상은 자연스러운 것이며 만물의 체계에 내재적인 것이다. 환상들이 완전히, 혹은 거의 제거돼 버리면 인간은 "탈자연적"이 되고, 탈자연적이 된 인간은 야만적이 된다. (…) 이성은 우리가 당연히 자신의 이득을 추구하게 함으로써, 그리고 우리를 서로에게로 연결시켜 주는 환상들을 제거함으로써, 사회를 와해시키고 사람들을 야만적으로 만든다.[19]

레오파르디에 따르면, 기독교의 부상은 과도한 회의와 의심에 대한 반응이었다. 고대 철학자들은 눈에 보이지 않는 만물의 질서라는 개념에서 영감을 받았다. 피타고라스 학파, 플라톤 학파 등은 인간사의 기저나 상위에 숨겨진 조화가 놓여 있을 것이라고 생각했다. 하지만 그들이 철학에서 수행한 체계적인 회의와 의심이 그들이 가졌던 신비주의적인 전망보다 강력했다. 그 결과, 새롭고 더 강력한 환상을 필요로 하는 내면의 혼돈이 생겨났다. 이러한 상호작용은 오늘날 또 다른 형태로 다시 나타났다. 기독교가 회의주의에 대한 반응이었듯이, 현대의 세속적 신념은 기독교의 부패에 대한 반응이었다. 과학이 드러낸 세계에서 탈출하려 애쓰면서, 인류는 과학의 힘으로 세상을 자신의 이미지대로 재창조할 수 있게 되리라는 환상 속으로 피난했다.

레오파르디의 세계관은 타협 없는 물질주의를 보여 준다. 레오파르디는 존재하는 모든 것이 물질의 일종이라고 생각했다. "영혼"도 포함해서 말이다. 사람들은 물질과 정신을 기를 쓰고 구분하려 한다. "생각하는 물질"이란 것을 상상하지 못하기 때문이다. 하지만 레오파르디는 우리가 생각한다는 사실이야말로 물질이 생각한다는 것을 보여 주는 증거라고 보았다.

물질이 사고한다는 것은 사실이다. 우리 자신이 사고한다는 점에서 그것이 사실임을 알 수 있다. 우리는 물질 이외에는 어떤 것도 알지 못하고, 존재를 인식하지 못하며, 지각하거나 알 능력이 없다. 사고의 수정이나 변형이 전적으로 우리의 감각에, 우리의 신체적 상태에 달려 있으며, 우리의 정신이 전적으로 신체의 변화에 따라 달라진다는 것을 봐도 그것이 사실임을 알 수 있다. 또한 우리가 우리의 생각을 신체적으로 느낀다는 점에서도 그것이 사실임을 알 수 있다.[20]

레오파르디 같은 물질주의자라면 종교를 거부해야 할 것 같지만, 그는 그렇게 생각하지 않았다. 물론 종교는 환상이다. 하지만 레오파르디는 인간이 환상 없이 살 수 없다는 것을 알고 있었다.

레오파르디는 기독교를 비판했지만 이는 [참이냐 거짓이냐에 대한] 지적인 이유에서가 아니라 도덕적, 혹은 미학적 이유에서였다. 레오파르디는 기독교가 삶의 질에 나쁜 영향을 미치기 때문에 기독교를 비판했다.

레오파르디가 보기에 영혼의 영역을 위해 자연 세계를 가치 절하하는 기독교는 행복에 적대적일 수밖에 없었다. 레오파르디는 "인간은 기독교 이전에 기독교 이후보다 더 행복했다"고 언급했다.[21] 레오파르디는 도덕적 상대주의자 부류는 아니었다. 도덕적 상대주의는 인간의 가치들이 [각 문화에 따라 다른] 문화적 구성물일 뿐이라고 본다. 하지만 레오파르디는 인간의 본성이 변하지 않는다고 보았고, 여기에서 도출되는 바로, 보편적으로 선이라고 여기는 것과 보편적으로 악이라고 여기는 것도 존재한다고 생각했다. 레오파르디가 거부한 것은 인간의 가치들을, 심지어 종종 상충하기까지 하는 이러한 가치들을 우주적 원칙으로 승격시키는 것이었다. 기독교에서든, 기독교의 영향을 받은 세속적 사상들에서든, 그런 프로젝트는 압제를 낳을 수밖에 없었다. 인간의 욕구가 어쩔 수 없이 갖게 되는 해소 불가능한 모순들을 억압하려 하기 때문이다.

레오파르디는 기독교가 주장하는 보편 원칙이 보편 야만에 대한 허가증이었다고 여겼다. 기독교는 모든 인간을 향한다는 점에서 유대교보다 발전한 것으로 흔히 여겨지며, 기독교를 비판하는 사람들도 이 점을 높이 산다.[22] 하지만 레오파르디는 (한 세기 후에 프로이트도) 이런 견해에 동의하지 않았다. 레오파르디가 보기에는, 고대의 범죄보다 중세에 기독교가 저지른 범죄가 더 위중했으며, 그렇게 된 이유는 중세 기독교인들이 자신이 행위를 보편 원칙을 적용하는 것이라며 옹호했기 때문이었다. 기독교가 세상에 들여온 악행은 "고대의 악행보다 더 끔찍했고 전적으로 새로웠다. (…) 더 공포스럽고 더 야만적이었다."[23]

오늘날에는 합리주의가 기독교의 핵심 오류를 되풀이하고 있다. 모든 인간에게 적용되는 좋은 삶이 무엇인지를 드러냈다고 주장하는 것이다. 레오파르디는 현대의 세속적 신조들이 "미성숙한 철학"의 표현이라고 보았다.[24] 종교의 수많은 결함을 가진 사고 유형이라는 것이다. 레오파르디는 세상을 더 합리적인 모델대로 새로 만들려는 프로젝트를 "이성의 야만"이라고 불렀으며 기독교의 전투적 복음주의가 한층 더 위험한 형태를 띤 것이라고 생각했다.

이후 실제로 벌어진 사건들은 레오파르디의 진단이 맞다는 것을 보여 주었다. 기독교는 쇠퇴했지만 기독교가 남긴 불관용의 유산은 더 파괴적으로 성장했다. 제국주의에서 공산주의까지, 그리고 민주주의와 인권을 촉진한다며 사방에서 그치지 않고 벌어지는 전쟁까지, 극히 야만적인 형태의 폭력들이 더 높은 문명으로 가는 수단이라며 촉진됐다.

레오파르디는 기독교를 가차 없이 비판하긴 했지만 기독교가 쇠

락하는 것은 환영하지 않았다. 레오파르디는, "종교는 오늘날 인간 삶의 남루하고 위태로운 체계를 지탱하기 위해 우리가 가진 유일한 것"이라고 언급했다.[25] 하지만 레오파르디가 자신이 물려받았던 종교에서 위안을 얻은 것 같지는 않다. 레오파르디는 아버지로부터 가톨릭으로 교육받았지만 결국에는 다신교를 존중하는 무신론자가 되었다. 레오파르디는 더 유익했던 고대의 신앙들이 되살아날 수 없다는 것을 깨달았고, 그래서 그의 시대가 가진 종교를 그나마 덜 해로운 환상으로서 옹호했다. 하지만 레오파르디 자신은 그 환상에 굴복할 수 없었고, 그래서 환상을 부수며 살았다.

레오파르디에게 인간 동물은 생각하는 기계다. 이것이 물질주의의 진정한 가르침이며, 그는 이 가르침을 받아들였다. 인간은 물질 흐름의 일부다. 이렇게 인간이 물질세계에 묶여 있음을 인정한다면, 죽지 않고서는 인간이 물질세계의 제약에서 벗어날 수 없다는 점도 분명해진다. "좋은 삶"은 이 사실을 받아들이는 데서 시작한다. 레오파르디는 유명한 시에서 아래와 같이 언급했다.

나는 영원하고 죽은 계절들을, 그리고 현재의 살아 있는 계절과 그것의 모든 소리를 회상한다. 그 방대함 속으로 내 생각이 잠긴다. 나는 이 바다에 내가 가라앉고 있는 것을 즐긴다.[26]

여기에서 레오파르디는 영지주의와 멀리 떨어져 있지만, 그러면서도 우주에 대한 그의 개념은 영지주의와 중요한 공통점을 보인다.

영지주의자들처럼 레오파르디도 정신이 물리적 세계 외부에서 부터 물질 안으로 주입된 것이 아니라고 보았다. 물질은 그 자체로 지적 역량이 있으며 지속적으로 변형되고 새로운 형태를 만들어 낸다. 그리고 그 형태 중 어떤 것은 자기의식을 할 수 있다. 레오파르디는 어렸을 때 「야수의 영혼」이라는 글을 쓴 적이 있는데, 의식이 인간에게만 있는 것이 아님을 그때 이미 알고 있었던 듯 하다. 야수와 인간의 차이는 인간이 자기의식적이고 야수는 그렇지 않다는 데 있는 것이 아니다. 야수나 인간이나 모두 의식하는 기계다. 이 둘의 차이는 인간 영혼이 더 취약하고 부서지기 쉽다는 데 있다. 그래서 인간의 영혼은 야수는 필요로 하지 않는 환상들을 만들어 낸다.

1824년에 나온 수작 『자연과 아이슬랜드인 사이의 대화*Dialogue between Nature and an Icelander*』에서 아이슬랜드인은 자연에게 "우리를 고통스럽게 하기 위해" 세상을 만든 것이냐고 질문한다. 그러자 자연은 이렇게 되묻는다.

당신은 정말로 세상이 당신을 염두에 두고 만들어졌다고 생각하는 것인가? 내가 만드는 일들, 나의 규칙들, 그리고 나의 작동들에서, 거의 예외 없이 나는 인간의 행복이나 불행을 딱히 염두에 두지 않았으며 지금도 그렇다. 내가 어찌어찌 해서 당신에게 고통을 주었다면, 나는 그것을 모르는 채로 그랬을 것이다. 아주 드물게는 알았을지도 모르지만. 또 내가 어찌어찌 해서 당신에게 이득을 주었다 해도 그것 역시 나는 모르는 채로 그랬을 것이다. 나는 그런 것을 알지 못하며, 당신이 생각하듯이 당신을 돕거나 즐겁게 하기 위해 어떤 일을 하거나 무언가를 만들지 않는다. 마지막으로, 어쩌다가 내가 당신의 종족을 멸종시키게 되더라도 그 역시 나는 알지 못할 것이다. (…)

당신은 우주의 생명이 생성과 파괴의 영속적인 순환 상태에 있으며 이 둘은 세상을 보존하기 위해 서로에게 지속적으로 기여하는 방식으로 연결돼 있다는 생각을 하지 못한 모양이다. 둘 중 하나라도 작동을 멈추면 세상은 와해된다. 따라서 그 안의 무엇이라도 고통에서 자유롭다면 세상 자체가 손상을 입게 될 것이다.[27]

레오파르디는 악이 세상의 작동 방식에 통합돼 있다고 생각했다. 하지만 그가 말하는 악은 영지주의자들이 상상한 종류의 사악한 주체가 아니었다. 그보다, 악은 만물의 체계에 내재적으로 깃들어 있는 고통이었다. 레오파르디는 이렇게 묻는다. "악이 **일상의 당연한 요소**라면 어떤 희망이 있을 수 있는가? 즉 악이 **필수적으로 포함돼야** 하는 질서에서라면 어떤 희망이 있을 수 있는가?"[28] 이 질문은 레오파르디가 혁명이나 개혁에 관심을 보이지 않았던 이유를 보여 준다. 인간의 행동 중 어떤 것도 (특히 정치의 어릿광대짓은 더더욱) 악이 일상의 당연한 요소인 세상을 바꿀 수는 없다. 레오파르디가 인간에 대한 연민을 갖지 않았다는 말은 아니다. 오히려 레오파르디는 인류는 결백하고 책임이 없다고 생각했으며, 악이 만물의 체계에 필수적임을 이해하면 인간에 대한 연민을 갖게 된다고 보았다. "내 철학은 인류 혐오로 이끌지 않는다.(겉으로만 보고 그렇게 말하는 사람들이 있을 것이고 실제로 그렇게 비난하는 사람들도 있긴 하지만) (…) 오히려 내 철학은 모든 것에 대해 자연을 탓하고 인류를 전적으로 사면함으로써 증오의, 아니면 적어도 불평의 방향을 더 높은 원칙으로 돌린다. 살아 있는 존재들이 겪는 아픔의 진정한 원천으로."[29] 인간의 악덕(탐욕, 잔임함, 속임수 등)은 자연스러운 것이다. 자연은 인간에게 딱히 사악하지도 은혜롭지도 않으며 그저 무관심하다. 인간은 무작위적인 우연의 연쇄를 거쳐 자기인식을 갖게 된 기계다. 내면의 자유(레오파르디는 이것이 유일하게 가능한 종류의 자유라고 생각했다)는 이를 받아들임으로써 달성될 수 있다.

그리고 레오파르디는 이를 받아들였다. 레오파르디는 자신의 작품이 그토록 오래 알려지지 않고 있었다는 데 놀라지 않았을 것이다. 인간의 지식이 진보함에 따라 인간의 정신이 부패할 수 있음을 깨달은 레오파르디는, 그러한 사고가 사람들에게 이해되거나 긍정적으로 평가되리라고 기대하지 않았다. 또한 레오파르디는 살아 있는 모든 것에 닥치게 될 마지막으로부터 벗어나려 하지도 않

왔다. 아름다운 시 「기우는 달The Setting of the Moon」에서 레오파르디
는 불멸이 "우리의 병 중 최악의 병"이라고 말했다.[30] 나폴리의 병
상에 누워 마지막 시구들을 받아쓰도록 부르면서, 레오파르디는
자신의 짧은 생이 그 자체로 완성됐다고 생각했을 것이다.

리지아의 귀환

영지주의적 사고는, 증가하는 지식의 힘으로 인류가 스스로를
자연의 한계에서 해방시킬 수 있으리라는 믿음을 통해 현대 과학
의 상당 부분을 구성했다. 그런데 이런 식으로 자연의 한계를 부인
하는 것은 과학에 대척적인 사조에서도 찾아볼 수 있다. 바로 낭
만주의 사조다. 낭만주의도 인간이 세계를 재구성할 수 있다고 주
장했다. 다만, 인류를 자연적 조건에서 해방시켜 줄 것은 이성의
힘이 아니라 인간의 의지였다. 의지가 강하기만 하면 죽음도 정복
할 수 있을 터였다.

에드가 엘런 포Edgar Allan Poe의 1838년 작품 「리지아Ligeia」에 이
러한 낭만주의 개념이 드러나 있다. 이 이야기의 제사에는 17세기
저자 조지프 글랜빌Joseph Glanvill의 글이라며 다음과 같은 구절이
인용돼 있다. "그 안에 바로 의지가 있고, 그것은 죽지 않는다. 활
력이 가득한 의지의 신비를 누가 알겠는가? 신은 만물에 강렬히

스며들어 있는 위대한 의지일 뿐이다. 의지가 약하지만 않다면, 인간은 천사에게도, 죽음에도 굴복하지 않는다."[31] 글랜빌의 작품 중에서 이 인용문은 발견되지 않았다. 어쩌면 포가 지어낸 것일 수도 있다. 만일 그렇다면, 가상의 저자로 글랜빌을 상정한 것은 포의 매우 뛰어난 직관을 보여 준다고 할 만하다.

중세 사상가들은 그리스 철학에서 물려받은 개념들을 가지고 위계적인 우주론을 지었다. 그런데 철저한 회의주의자이자 독실한 성직자였던 글랜빌(1636~1680)은 회의주의 방법론으로 그 위계적인 우주론을 해체했다. 저서 『회의적인 과학, 혹은 무지에 대한 고백: 과학으로의 길Scepsis Scientifica, or Confest Ignorance: The Way to Science』(1661년에 『독단적인 주장의 허무The Vanity of Dogmatizing』라는 제목으로 처음 나왔다)에서, 글랜빌은 인간이 인과 관계를 결코 파악할 수 없다고 주장했다. 우리가 가진 것은 인상과 믿음뿐이며, 그 인상과 믿음을 통해 세상이 질서 있는 경로를 가고 있다는 느낌을 받는다. 우리는 이러한 감각을 부풀려서 무엇이 필연적이고 무엇이 불가능한지를 말해 주는 합리적 원칙들의 체계를 짓는다. 하지만 사실 우리는 알지 못한다. "우리는 우리가 옹호하는 원칙들에 따라 현상과 사물이 이러저러하다고 믿을 수는 있겠으나, 그 원칙들을 필연적인 것으로 생각하면서 그 원칙들이 맞지 않을 가능성을 부인하는 순간 우리는 이상하게도 우리 자신을 잊는다."[32] 18세기 스코틀랜드의 회의주의자 데이비드 흄David Hume처럼, 글랜빌은 인간의 정신이 자신이 관찰하는 사건들의 원인을 파악할 수 있다고 보지 않았다. 하지만 회의주의적 철학을 종교를 공격하는 데 사용한 흄과 달리 글랜빌은 그것을 신앙을 옹호하기 위해 사용했다. 신의 존재뿐 아니라 주술까지도 말이다. 어느 경우든, 글랜빌은 신앙이 인간의 경험에 기초하고 있다고 주장했다.

글랜빌의 회의주의는 근대 경험주의의 초창기 표현이자 가장 급진적인 표현이라고 볼 수 있다. 포는 단편 「소용돌이 속으로 떨어지다A Descent into the Maelstrom」(1841)에 진짜 글랜빌이 쓴 글을 (약간 바꾸어서) 인용했다. "자연에서 신이 작동하는 방식은, 신의 섭리에서 신이 작동하는 방식과 마찬가지로, 우리의 방식이 아니다. 방대하고 심오하며 우리로서는 찾아낼 길 없는 신의 작동은 데모크리토스의 우물보다 깊어서 우리가 틀 지은 어떤 모델도 그것에 상응할 수 없다."[33]

포는 데모크리토스를 존경했다. 데모크리토스는 고대 그리스의 물질주의 철학자로, 우리가 살고 있는 무한한 우주가 오로지 "원자"와 "빈 공간"으로만 이뤄져있다고 생각했다. 데모크리토스는 진리가 우물의 바닥에 놓여 있으며 우물의 물은 사물이 반영되는 거울 역할을 한다고 보았다. 하지만 인용문에 덧붙은 "찾아낼 길 없는"이라는 구절은 포의 생각이 [데모크리토스보다] 글랜빌과 더 비슷함을 암시한다. 포는 인간의 이성이 결코 사물의 속성을 파악할 수 없다고 보았다. 우리가 아는 세상은 상상의 작동이다. 그런데 이는 전혀 나쁜 일이 아니다. 포가 생각하기에, 인간의 정신이 만들어 낸 것은 자연 세계의 어느 것보다도 완벽할 수 있기 때문이다.

포는 이 개념을 「아른하임의 영역The Domain of Arnheim」(1842)에서 발전시켰다. 이 소설에는 "광대함과 확실함, 통합된 아름다움과 장엄함과 **기이함**이 전체적으로 인류보다 더 우월하면서도 인류와 비슷한 존재가 보살피고 양육하고 관리하고 있음을 드러내는" 풍경을 창조하고자 하는 부유한 젊은이가 나온다. 이 예술가이자 정원사는 "중개자적인, 혹은 2차적인 자연"의 위치에 있다. 이 자연은 "신도 아니고 신이 뿜어낸 존재도 아니지만 인간과 신 사이를 맴도는 천사의 작품이라는 점에서 여전히 자연이다".[34] 이 젊은이는 자연 세계에 있는 어느 것보다도 아름다운 풍경을 만들고 있는 데미우르고스다.

「리지아」에서 인간의 창조력은 더 큰 역할을 부여받는다. 소설에서 화자는 자신이 겪은 일련의 사건을 들려준다. 화자는 아름답고 현명하고 지적인 여성 리지아와 결혼하며, 그 여성이 "형이상학적인 탐구"의 영역으로 화자를 이끌어 준다. 리지아가 죽고 화자는 재혼을 한다. 그러나 곧 새 부인 로웨나도 죽는다. 그러나 시신을 계속해서 지키면서 철야를 하던 화자는 익숙한 얼굴로 생명이 돌아오는 것을 본다. 그 얼굴은 로웨나가 아니라 리지아다. 인용된 글랜빌의 글이 암시하듯이, 인간이 의지가 죽음을 무효로 만들었다.

포 자신의 삶에서는 그런 의지가 작동하지 않은 것 같다. 그에게 동정적인 전기 작가의 표현대로, 포는 "불명예 속에서 숨질 운명이었고 어두움이 항상 그에게 달려들고 있었"는지 모른다.[35] 포는 1809년에 태어나 1년 뒤에 고아가 됐다. 안정적인 소득원도 안정적인 직업도 구하지 못했고, 잡지사를 차렸으나 실패했으며, 인생 대부분의 시기 동안 극히 가난했다. 각종 광증과 집착증을 겪었고, 술에서 위안을 찾았다. 어느날 이 비범한 천재는 볼티모어의 거리를 떠돌다 발견됐다. 다른 사람의 옷을 입고 있었으며, 어쩌다 여기까지 와서 그러고 있게 됐는지를 일관되고 조리 있게 설명하지 못하는 상태였다. 병원으로 옮겨졌지만 1849년 10월 7일에 결국 숨졌다.

「리지아」는 매우 독특한 종류의 영지주의적 비전을 드러낸다. 화자가 말한 "형이상학적인 탐구"는 연금술일 수도 있고 포의 시대에 인기 있었던 최면일 수도 있다. 하지만 글랜빌에게도 그랬듯이, 포에게 의지가 육신의 한계를 누르고 승리할 가능성을 열어준 것은 근대 과학도, 밀의교적인 지혜도 아니었다. 그것은 가장 급진적인 종류의 의심과 회의였다.

골렘과 원형의 폐허

인간이 더 고차원의 종을 만들 수 있으리라는 생각은 19세기 내내 여러 차례 나타났다. 메리 셸리Mary Shelly는 『프랑켄슈타인: 현대의 프로메테우스Frankenstein: or, The Modern Prometheus』(1818)에서 데미우르고스처럼 행동하는 인간에 대해 이야기한다. 레오파르디가 『지발도네』를 쓰던 시기에 이 책을 쓴 셸리는 만약 이런 호문쿨루스가 만들어진다면 인간의 자만을 구현한 악마적 존재가 될 수밖에 없으리라고 보았다. (레오파르디와 셸리는 같은 시기에 이탈리아에 산 적이 있고 공통의 지인도 있으나, 둘이 만난 적은 없으며 서로의 작품을 읽은 것 같지도 않다). 19세기 말에는 상징주의자 비예르 드 릴라당 Villiers de L'Isle-Adam이 『내일의 이브Tomorrow's Eve』(1886)에서 여성 "안드로이드"*의 창조를 이야기한다. "안드로이드"는 릴라당이 만든 말이다. 이러한 이야기들에서, 인간이 데미우르고스의 자리를 차지하면 항상 끝이 좋지 않다. 인공적으로 인간을 만드는 것은 자연 법칙을 거스르는 시도로, 현대판 연금술이라 할 수 있다.

오스트리아의 주술주의자 작가 구스타브 마이링크Gustav Meyrink도 『골렘The Golem』에서 비슷한 주제를 다뤘다. 마이링크는 유대교 신비주의 사상인 카발라의 개념을 빌려 왔다. 보르헤스에 따르

---

* 인간의 모습을 한 로봇. 옮긴이

면, 마이링크의 책은 "꿈에 대한 책"이다. "이 꿈 안에 다른 꿈들이 있다. 그리고 그 꿈들 안에 (내 생각에는) 또 다른 꿈들이 있다."[36]

고차원의 인류를 만들어 내겠다는 것은 현실이나 또 다른 꿈이 그 상상의 존재를 흩어 버리기 전까지는 아무도 불합리함을 깨닫지 못하는 종류의 꿈이다. 인간의 결점을 없애도록 고안되는 경우라 해도 인공적인 인간은 그것을 창조한 자들의 한계와 결함에서 벗어날 수 없다. 현대의 세속적 사상가들은 인간 동물의 특성 중 그들이 선하다고 생각한 것만을 뽑아내 인간을 새로 만들어 낼 수 있으리라고 믿었다. 이 고상한 도덕주의자은 인간 안에 선과 악이 혼용돼 있을지도 모른다는 생각은 해 보지 못한 모양이다. 세계에 대해서도 자신에 대해서도 아는 것이 너무나 없어서, 이들은 인간의 선함이라는 것이 그것만으로 조화로운 전체를 이루는 것이 아님을 깨닫지 못하고 있다. 품위 있고 아름다운 삶의 방식은 압제와 억압에서 나오는 것일지 모른다. 섬세한 미덕은 지극히 비도덕적이고 추악한 특질에 의존하고 있을지 모른다. 악한 점들을 제거하면 새로운 종이 나오기야 하겠지만 그것을 만드는 사람들이 순진하게 그리고 있는 종은 아닐 것이다. 자신의 고차원 버전을 만들기에 인간은 자신에 대해 너무나 아는 것이 없다.

보르헤스는 「원형의 폐허The Circular Ruins」에서 꿈을 물질 삼아 새로운 인류를 빚어 내려는 시도를 이야기한다. 떠돌이 마술사가 불의 신의 성전이었던 폐허의 매장터 구석에서 묵어 갈 곳을 찾는다.

"마술사를 이끈 목적은 초자연적이기는 하지만 불가능한 것은 아니었다. 마술사는 한 인간을 꿈꾸어 내놓고 싶었다. 마술사는 세세한 부분까지 고결성을 가진 인간을 꿈으로 만들어서 그 인간을 현실에 내놓고 싶었다."[37] 마술사는 이 일이 얼마나 어려운지 잘 알고 있었다. "그는 꿈의 구성 물질인 응집성 없고 어질어질한 물질을 가지고 형태를 잡아내는 것이 인간이 도전할 수 있는 것 중 가장 힘든 일일 것이라고 생각했다. 높고 낮은 모든 질서의 수수께끼를 다 꿰뚫었다 해도 말이다. 이는 모래로 밧줄을 짜거나 정체불명의 바람으로 동전을 주조하는 것보다도 어려운 일일 것이다."[38]

마술사는 꿈으로부터 인간을 빚어내는 데 성공한다. 하지만 그 인간은 꿈 속에서 잠들어 있고 스스로는 어떤 행동이나 말도 하지 못한다. 마술사는 자신이 실패한 데미우르고스임을 깨닫는다. "영지주의적 우주 기원론에 따르면, 데미우르고스는 반죽을 만들고 빚어서 스스로는 설 수 없는 붉은 아담을 만들었다. 마술사가 밤마다 노력해 꿈으로 빚어낸 아담도 흙으로 빚어진 아담만큼이나 솜씨없고 투박하고 서투른 작품이었다." 마술사는 그가 꿈으로 빚어낸 남자(이제 마술사는 이 남자를 자신의 아들이라고 생각한다)가 깨어나기를 꿈꾼다. 그리고 자신이 꿈에 불과하다는 것을 그 남자가 알아차리지 못하도록, 스스로의 기원을 막무가내로 망각하는 무지를 그에게 불어넣는다. "자신이 사람이 아니라 다른 사람의 꿈의 투사물임을 안다면 얼마나 굴욕을 느끼겠는가?"

마술사는 자신이 만들어 낸 아들이 꿈에 불과하다는 것을 자신과 불의 신 말고는 아무도 모르기를 꿈꾼다. 그런데 전에도 여러 번 일어났던 것처럼 여겨지는 큰 불이 일어나 신전이 타들어 간다. 마술사는 도망치려고 하다가 자신이 들인 노력과 자신의 나이를 생각하고서는 불꽃으로 걸어들어간다. 그런데 몸이 불에 타는 동안 아무런 고통도 느껴지지 않는다. 마술사는 자신도, 자신이 만든 꿈의 남자처럼, "다른 이의 꿈에서부터 만들어져 나온 형상이었을 뿐임을" 깨닫는다.[39]

샤먼보다도 현실을 지각하지 못하면서, 과학을 통해 고차원의 인간을 만들겠다는 사람들은 자신이 부유하는 물질에 목적을 불어넣고 있다고 생각한다. 사실은 그들 자신이 물질의 목적 없는 에너지에 의해 이끌리고 있는데도 말이다. 보르헤스의 이야기가 말하듯이, 현대의 과학 추종적인 샤먼과 새로운 인간 종은 둘 다 꿈이다.

솔라리스와 우리의 세계

물로 뒤덮인 거대 행성 솔라리스는 의식을 가진 것처럼 보이고, 분명히 살아 있으며, 계속해서 자기 변모의 과정을 겪고 있다. 폴란드 작가 스타니스와프 렘Stanislav Lem이 1961년에 펴낸 소설 『솔라리스*Solaris*』에 나오는 이야기다. 이 행성이 자기 변모를 하는 동기가 무엇인지는 소설에 드러나지 않는다. 흔히 『솔라리스』는 외계의 정신을 이해하는 것이 불가능함을 탐색한 작품이라고 해석돼 왔지만, 또 다른 해석(앞의 해석과 일맥상통하는 면이 있다)은 이 작품이 신을 찾는 것을 그린 우화라고 본다. 안드레이 타르포브스키Andrei Tarkovsky의 영화 〈솔라리스〉(1972)에서 이런 해석을 엿볼 수 있다.

솔라리스를 연구하기 위해, 여러 세대에 걸쳐 과학자들이 파견된다. 심리학자 크리스 켈빈Kris Kelvin도 솔라리스 표면에 떠 있는 연구 스테이션에 파견된다. 연구 대상이 살아 있는 지적 존재임을 알게 된 과학자들은 그 존재와 소통을 시도한다. 인간이 아닌 영혼과 교류하려는 시도로 보일 수도 있지만, 한 과학자는 그에 대해 의구심을 제기한다. "우리는 우주를 정복하고 싶지 않습니다. 그저 지구의 경계를 우주의 변경으로 확장해 보고 싶을 뿐입니다. (…) 우리는 인간만을 찾습니다. 우리에게는 다른 세계들이 필요하지 않습니다."[40] 행성의 영혼에 접하려던 과학자들은, 사실 그렇게 함으로써 자신을 이해하려 한 것인지도 모른다.

솔라리스가 의식 있는 존재라는 점이 처음부터 받아들여진 것은 아니었다. (몇몇 과학자는 끝까지 이를 받아들이지 않았다.) 두 개의 태양(붉은 태양과 푸른 태양)을 공전하는 솔라리스는 중력의 법칙에 따르면 내재적으로 불안정할 수밖에 없는 궤도를 돈다. 여기에서

부터 과학자들은 이 행성의 대양이 공전 궤도에 적극적으로 영향을 미친다는 사실을 발견했고, 확고하게 과학적 지식이라 여겨 왔던 것은 위협에 처했다. 대양을 더 자세히 알아보기 위해 특수 장비를 가지고 연구를 하던 과학자들은 솔라리스의 대양이 의식을 가진 존재임을 알게 된다.

솔라리스는 작동 중인 조사 장비를 변경시키면서 과학자들의 실험에 적극적으로 개입한다. 어떤 방식으로 개입하는 것인지, 왜 개입하는지는 알 수 없다. 개입의 양상은 매번 달라지며 때로는 완전히 조용하게 이뤄진다. 하지만 점차 과학자들은 솔라리스가 보이는 반응을 분별 가능한 패턴으로 범주화할 수 있게 된다.

이 광대한 비인간 정신은 사고를 할 뿐 아니라 지속적으로 새로운 형태를 창조하기도 한다. 과학자들은 행성이 창조해 내는 풍성한 형태와 다양한 구조 중 일부를 알아보고 분류해 낸다. "나무 산", "신근종", "균종", "모방종", "대칭종", "비대칭종", "척추종", "민활종" 등등. 게다가 솔라리스의 대양이 가진 창조적 역량은 이보다도 더 놀라운 것으로 밝혀진다. 인간의 시뮬라크라[복제품]들을 만들어내 과학자들을 찾아오게 한 것이다. 솔라리스가 이들을 왜 만드는지는 알 수 없다.

이렇게 찾아온 방문자 중에는 켈빈과 싸우고 자살한 아내 레야도 있다. 레야는, 의식은 완전히 깨어 있으나 기억은 없는 채로, 그리고 자신이 이 연구 스테이션에 왜 왔는지 모르는 채로 어리둥절해하고 우울해한다. 켈빈도 마찬가지다. 켈빈은 레야를 속여 우주선에 태운 뒤 우주선을 발사시켜서 자신의 삶에서 아내를 없애려 한다. 하지만 레야는, 혹은 레야의 또 다른 복제품은, 되돌아온다. 돌아온 레야는 전보다 더 괴로워하다 자살한다.

켈빈은 알 수 없는 대양과 함께 혼자 남는다. 자신이 알았던 레야, 지구에서 그가 사랑했던 레야가 돌아왔다면 켈빈은 기뻤을 것이다. 하지만 그것이 불가능함을 받아들인다. "우리 모두 우리가 물질적인 창조물이며 생리적, 물리적 법칙의 지배를 받는다는 것을 안다. 그리고 우리의 감정을 모두 합한 것의 힘으로도 그 법칙들을 무찌를 수 없음을 안다. 우리가 기껏 할 수 있는 것은 그것들을 혐오하는 것뿐이다." 켈빈은 솔라리스의 대양이 두 인간의 비극에 반응해 주리라고는 생각하지 않는다. 켈빈은 대양의 표면으로 내려와 어느 섬에 내린다. 지진이 난 고대의 폐허처럼 보이는 곳이다. 켈빈은 이 알 수 없는 행성에 계속 남아야 할지 자문한다. "나는 아무것도 희망하지 않았다. 그래도 기대 속에서 살고 있었다. (…) 나는 아무것도 모른다. 그래도 잔인한 기적의 시대가 지나가 버리지 않았다는 믿음을 부여잡고 있었다."[41]

솔라리스는 인간 세계를 무심하게 응시한다. 대양과 교신하려는 충동은 대양이 인간처럼 목적들을 가지고 있을 것이라는 믿음에서 나온다. 하지만 대양은 자기인식 능력과 의도적인 행동의 역량을 가지고 있긴 해도(아마도 어떤 인간이 가진 것보다도 큰 역량일 것이다) 그 역량을 인간을 위해 써야 할 필요를 느끼고 있지는 않다. 설령 대양이 과학자들과 노는 것을 재미있어 했다고 해도 과학자들의 관심을 반겼다는 의미는 아니다. 대양은 자신이 만든 인간 복제품들의 고통에 동정심을 느끼지 않는다. 대양은 인간에게서 아무것도 원하지 않는다. 인간들이 떠나거나 사라진다 해도 아무런 상실감도 느끼지 않을 것이고, 대양의 자기 변모 과정은 계속될 것이다.

타르코프스키의 영화는 켈빈이 숲속의 연못을 지나 아버지의 오두막집을 향해 걸어가는 것으로 끝을 맺는다. 개가 달려오고 켈빈은 따뜻하게 개를 맞는다. 쏟아지는 빗속으로, 창문을 통해 집 안에 있는 아버지를 본다. 집을 돌아 뒷문으로 걸어가서 아버지를 만나고 포옹한다. 그때 카메라가 뒤로 물러서고, 관객은 오두막집과 그 주위가 부서지면서 대양의 거품으로 사라지고 있는 것을 보게 된다.

진실한 신화라면 다 그렇듯이, 『솔라리스』는 단 하나의 의미만 갖는 것은 아니다. 가능한 해석 중 하나를 말해 보자면, 이 소설은 인간이 이미 솔라리스 같은 세상에 살고 있음을 보여 주는 것인지도 모른다. 어디를 보든 인간은 형태와 구조를 본다. 하지만 그것은 속임수일 수 있다. 어쩌면 인간 세계는 켈빈이 섬에서 본 오두막과 같을지 모른다. 이 세계는 임시방편으로 만들어진 실체 없는 세계이고, 영원히 굴러떨어지면서 사라져 가고 있는지 모른다.

필립 딕의 계시

영지주의적 세계관을 다음보다 잘 표현한 구절은 찾기 어려울
것이다.

우주의 모조품 뒤에 신이 있다. (…) 신으로부터 내쳐진 것은 인간이
아니다. 신으로부터 내쳐진 것은 신이다. 애초에 그것이 신의 의지였
을 것이고 그때 이후로 신은 절대 돌아오려 하지 않았을 것이다. 신
이 자신에게 무지와 망각과 고통, 그리고 소외와 상실을 부여했다고
도 말할 수 있을 것이다. (…) 신은 자신이 스스로에게 왜 이 모든 일
을 했는지 더 이상 알지 못한다. 신은 기억하지 못한다.[42]

필립 딕Philip K. Dick은 일련의 초현실적인 경험을 겪으면서 세계
의 또 다른 질서에 접했다고 생각했다. 그런데 계시의 경험은 해방
되었다는 느낌과 억압되었다는 느낌을 동시에 가져다주었다. 딕은
자신이 겪은 초현실적인 경험이 마약 복용 같은 개인적인 요인 탓
일 수도 있다고 인정했고 통상 "제정신"이라고 여겨지는 범주를 벗
어난다는 것도 부인하지 않았다. 하지만 자신이 또 다른 세계를
엿보았다는 점만큼은 확신했다. 태고에 모든 인간이 쫓겨져 나온
세계에 접했다는 것이었다.

거대한 가림막을 만들어야만 하는 세계에서 무엇이 실재인지를 설파하는 것은 지나친 자만일 것이다. 내가 전제로 하는 바에 따르면, 이 이상하고 가림막 같은 꿈은 어떤 이유에서든 우리가 그것을 꿰뚫었을 경우 우리의 인식과 기억 속에서 스스로를 예전으로 소급해 회복시킬 것이기 때문이다. 그러면 예전과 같은 상호적인 꿈꾸기가 재개될 것이다. 우리가 소설 『유빅Ubik』의 등장인물과 같기 때문인 것 같다. 즉 우리는 반쯤만 살아 있는 상태다. 우리는 죽은 것도 살아 있는 것도 아닌 채로, 차가운 창고에 보관돼 밖으로 끌어내어질 날을 기다리고 있다.[43]

독창적인 과학소설 작가인 딕은 과학소설이라는 장르를 통해 인간의 속성을 탐구했다. 딕은 1974년 2월과 3월에 겪은 강렬한 환영의 혼란으로 괴로워했고 남은 인생 내내 그 경험과 사투를 벌였다.

딕이 처한 상황들이 그런 환영의 경험으로 그를 이끌긴 했지만, 이는 그 경험들이 영영 풀리지 않는 수수께끼로 고통스럽게 남으리라는 의미이기도 했다. 1928년 2월에 미숙아 쌍둥이로 태어난 딕은 유년 시절에서 오는 형이상학적인 공포로 고통을 받았다. 쌍둥이 누이 제인은 태어난 지 6주 만에 숨졌고 이는 평생 동안 딕을 괴롭혔다. 아버지가 전쟁 시절의 이야기를 하면서 얼굴에 가스마스크를 썼을 때 공포에 질리기도 했다. "아버지의 얼굴이 사라졌다. 더 이상 나의 아버지가 아니었다. 그것은 전혀 인간이 아니었다."[44] 1963년에는 이 어린 시절의 공포를 불러일으키는 환영을 겪었다. "하늘을 올려다보니 얼굴이 있었다. 분명하게는 볼 수 없었지만 얼굴이었다. 인간의 얼굴은 아니었고 완벽한 악의 얼굴이었다. (…) 그것은 광대했다. 하늘의 4분의 1은 족히 채우고 있었다. 눈은 텅 비어 있었다. 금속성이었고, 잔인했으며, 끔찍하게도, 그것은 신이었다."[45]

이런 에피소드들은 딕의 소설에 등장하기도 한다. 가령 하늘에 보이는 금속성의 얼굴은 파머 엘드리치Palmer Eldritch가 된다. 또 이 에피소드들은 딕을 영지주의로 이끌기도 했다. 딕의 전기 작가가 말했듯이, "[딕은] 우리의 세계가 악이 만든 환상적인 실재이며 신성하지 않다는 영지주의적 견해가 매우 설득력 있다고 생각했다. 이 견해는 인류의 고통을 설명할 수 있었고 하늘에 '완벽한 악'(영지주의적 신의 진정한 얼굴!)이 보이는 놀라운 현상도 설명할 수 있었다."[46] 딕의 개인성 중 일부는 이러한 영지주의적 비전에 깊이 공명했고 다른 일부는 그만큼이나 깊이 그 비전을 거부했다.

딕은 늘 망상증적인 공포에 시달렸다. 그럴 만한 이유가 아예 없는 것은 아니었다. 1953년 말에 FBI 요원이 딕과 여자 친구를 찾아와 감시 카메라로 찍은 사진을 들이대면서, 학생들 정보를 파악해 알려 주는 첩자 노릇을 하면 멕시코대학에서 학비 없이 공부하게 해 주겠다고 했다. 당시에는 정보기관이 이렇게 접근해 오는 게 그리 이상한 일이 아니었다. 냉전과 매카시즘 시기이던 1950년대 초의 미국은 의심과 의혹의 시대였다. 또 한참 나중에 딕은 1958년에 자신이 소련 과학자들에게 쓴 편지 하나를 CIA가 가로챘었다는 사실을 정보공개법을 통해 알게 됐다. 1950년대에는 이런 종류의 감시가 흔했다. 어쨌든, 미국 정보기관이 딕에게 딱히 관심이 있었을 리는 없다. 딕은 민감한 정보를 알 만한 위치가 아니었고, 굳이 그를 감시하기에는 비용이 너무 많이 들었을 것이다. 좌우간 딕은 자신이 평생 감시를 받았다고 생각했다. FBI가 아니더라도 그 다음에는 KGB의 감시를 받는다고 생각했고 (아마도 최악으로는) 국세청의 감시도 받는다고 생각했다.

1971년 말에 누군가 딕의 집에 침입해서 파일들을 가져갔다. 딕은 (워터게이트처럼) 연방 요원들이 한 짓이거나 종교 근본주의자의 소행이라고 생각했다. 둘 다 완전히 엉뚱한 설명은 아니었다. 이 때는 닉슨 시기였고, 딕은 1960년대 말에 제임스 A. 파이크James A. Pike 캘리포니아 감독교회 주교의 교령회(주교는 자살한 아들과 교신을 시도했다)에 참석한 적이 있었다. 하지만 둘 다 현실성 있는 설명도 아니었다. (국세청의 감사를 피하기 위해 딕이 꾸민 자작극일 것이라고 보는 사람도 있다.) 1974년 초에 정신착란을 겪고 나서는 자신의 "개인성"을 미 육군 정보부에서 탈취해 갔다고 믿었다. 경찰서에 전화해서 "나는 기계다"라고 말하기도 했으며, 자신의 충성심에 대한 의심을 불식시키고자 FBI에 편지를 쓰기도 했다. 이런 일

들은 딕에게 심각한 망상 증세가 있었음을 보여 준다.[47]

1974년의 정신착란 이후, 딕은 마약, 술, 비타민제에 크게 의존했고 심리치료사도 수없이 만났다. 하지만 계시를 경험한 후 옴짝달싹 못 하게 갇혀 버린 듯한 느낌을 떨쳐 버릴 수 없었다. 계시를 받고서 위험 없는 영역으로 올라가기는커녕 오히려 그 이후로 내내 사악한 힘에 둘러싸이게 된 것 같았다. 평생 동안 음모론적인 환상(정치적인 것이든 우주적인 것이든 간에)이 딕의 세계관을 지배했다. 딕은 1982년 3월에 뇌졸중으로 숨졌다.

물론 딕의 망상증은 암페타민 과다 복용 같은 생활 습관 때문에 악화된 면이 있었다. 하지만 딕의 망상은 특이한 종류의 망상이었다. 전체적인 세계관을 표현하는 망상이었던 것이다. 그리고 그 세계관은 매우 독특한 종류의 영지주의였다. 사실 세계가 악신 데미우르고스에 의해 지배된다고 보는 영지주의는 망상증의 형이상학적 형태라 볼 수 있다. 편집증적 망상은 무의미에 대한 반응인 경우가 많다. 세상의 어떤 것에도 의미나 쓸모가 없다는 (어느 정도 사실인) 느낌에 대한 반응인 것이다. 딕의 망상도 이런 종류였다. 딕은 [무의미한 세계에서] 의미를 추구하다가, 어떤 것도 의미 없이 존재하지 않는, 세상의 어두운 면을 알게 됐다.

딕이 작가로서 이룩한 성취는 과학소설을 미래를 상상하는 데 사용하기보다는 인간이 진정으로 알 수 있는 것은 무엇인가라는 영원한 질문을 탐색하는 데 사용했다는 데서 나온다. 딕의 작품들은 우주가 무한히 층이 진 꿈일 가능성을 탐색하는데, 꿈에서 깨어나는 모든 경험은 또 한 번의 거짓 깨어남으로 판명난다. 다음과 같은 소설들이 이런 주제를 다루고 있다. 『높은 성의 사나이 *The Man in the High Castle*』(1962)는 제2차 세계대전에서 추축국이 승리하는 가상의 역사를 그리는데, 주인공이 어떤 역사가 실제로 일어난 것인지 불확실해 하면서 끝난다. 『파머 엘드리치의 세 개의 성흔*The Three Stigmata of Palmer Elbritch*』(1965)에서는 사악한 기업가가 희한한 환각제를 판매한다. 이 환각제는 실재와 비실재를 구분하는 능력을 파괴한다. 『발리스*Valis*』(1981)에서는 주인공이 외계에서 온 우주 탐사 로켓의 도움으로 만물의 진리를 발견한다. 또 사후에 출간된 『티모시 아처의 환생*The Transmigration of Timothy Archer*』(1982)에서는 배교한 주교가 최근 발견한 영지주의 문서를 해석하고자 애쓴다.

딕의 작품에는 저자인 딕이 실재와 비실재를 분간할 수 없는 경험을 했거나 하게 되리라는 점이 반영되어 있다. 딕의 삶과 작품은 서로의 이미지가 되었다. 가령 티모시 아처는 제임스 파이크 주교의 아바타다. 실재와 환상만 뒤섞인 것이 아니라 사실과 허구도 그랬다. 딕은 자신의 삶이 무작위적인 사건들의 연쇄라고 인정할 수 없었다. 쌍둥이 여동생의 죽음, FBI의 접근, 빈번한 주거 침입 등 자신에게 일어난 이 모든 일에 대해, 특히 1974년 정신착란의 경험에 대해, 그 기저에 깔려 있을 의도와 계획을 찾고자 했다. 자신의 경험이 갖는 의미를 이해할 수 없을지 모른다는 두려움을 느끼면서, 딕은 그 경험에 대해 글을 썼다.

그 글이 『주해 _The Exegesis_』다. 8천여 페이지에 2백만 단어나 되는 방대한 글로, 대부분은 손으로 쓰여졌고 출판을 염두에 둔 것은 아니었다. 딕은 이 글을 통해 자신의 경험을 이해하고자 했다. 나중에(2011년) 발췌본이 출간되는데, 편집자는 이 글을 이렇게 설명했다.

> 망상적이며 분절적이고, 쪼개지고 있으면서 동시에 영웅적으로 분투하고 있다. 한 달밖에 살지 못한 누이의 망령에 시달리고, 정신착란, 마약의 환각, 다섯 번의 결혼과 자살 시도와 재정적 궁핍, FBI와 국세청의 (실제의, 또 상상의) 감시, 문학계의 어처구니없는 혹평(딕을 심각하게 무너뜨린 일이었다), 린다 론스타트에 대한 집착 등으로 규정된 삶이 누더기가 된 채 끝을 향해 가고 있을 때, 자신의 정신을 온전히 붙잡아 두기 위해 소설가가 할 수 있는 유일한 방식으로 분투한 영웅적인 노력이다.[48]

초기 기독교와 수많은 밀의교의 전통, 그리고 영지주의의 가르침을 불러오면서, 딕은 자신의 경험이 진정한 계시였다고 스스로를 설득하기 위해 고통스럽게 애썼다. 삶의 많은 부분에서 비현실적인 망상에 빠져 있었던 딕은 이제 자신이 진정으로 제정신일 수 있는 길을 가고 있다고 믿고 싶어했다.

개인적인 트라우마의 흔적이 새겨진 길이긴 했지만, 딕은 많은 이들이 따르게 되는 길을 닦았다. 모든 시대의 인간이 그랬듯이, 딕도 삶의 사건들이 종합적인 패턴의 일부를 구성한다고 믿었다. 그래서 자신의 삶이 비밀스런 주체에 의해 구성된 것이라는 이야기를 만들어 냈다. 그 주체 중 일부는 인간 세계가 아닌 곳에서 온 것이었다. 하지만 어떤 일도 우연이 아닌 세계란 미칠 정도로 갑갑한, 닫힌 세계. 딕은 자신이 찾으려 했던 밝고, 의미로 가득한 우주가 아니라 캄캄한 감옥에 있게 된 자신을 발견했다. 사방에 메시지들이 있었다. 이 중 일부는 나중에 그의 책에 등장하기도 한다.

『주해』는 장황하고 분절적이며 과도한 억측도 많다. 개인적인 경험을 밀의교적 전통에 통합시키려던 시도는 실패했다. 하지만 현대 사상의 상당 부분을 기저에서 구성한 영지주의적 개념을 불러내는 데는 성공했다. 딕은 자신의 경험을 통해 믿게 된 바를 아래와 같이 요약했다.

1. 실증 세계는 실재가 아니고 실재처럼 보일 뿐이다.
2. 실증 세계의 창조자는 이러한 악한 점들과 불완점들한 점들을 고치거나 수선할 것으로 기대될 수 없다
3. 세계는 모종의 최종 지점을 향해 가고 있다. 그것의 속성은 불분

명하지만, 변화의 진화적인 측면으로 미뤄 보건대, 지각 있고 선한 원형적 실체가 고안한, 선하고 목적을 가진 최종 상태일 것으로 보인다.[49]

이러한 우주론에서, 눈에 보이는 세계는 "'제작물'이라고 불리는, 한계를 가진 실체"다. "제작물" 또는 데미우르고스는 무지하거나 (딕이 때로 추측했듯이) 미쳤을 것이다. 하지만 사악하지는 않다. 데미우르고스는 인류를 망상에서 벗어나게 하기 위해 자신이 할 수 있는 것을 할 뿐이다. 딕이 인정했듯이 이 견해는 카발라의 가르침과 공통점이 있다.

우주의 모든 것은 선한 목적에 복무하고 있을지 모른다. (…) 2천 년 전에 쓰여진 카발라 경전 세페르 예지라, 즉 「창조의 서」는 이렇게 말하고 있다. "신은 대조적인 것들을 만드셨다. 선과 악, 악과 선. 선은 선한 것에서 나오고 악은 악한 것에서 나온다. **좋은 것은 나쁜 것을 정화하고 나쁜 것은 좋은 것을 정화한다**(강조는 딕). 선한 것은 좋은 것을 위해 보존되고 악한 것은 나쁜 것을 위해 보존된다."
이 두 종류의 게임 참가자들 기저에 신이 있다. 신은 둘 다 아니면서 둘 다이기도 하다. 이 게임의 효과는 두 참가자 모두가 정화되는 것이다. 그러므로 고대 히브리의 유일신교가 우리의 견해보다 훨씬 우월하다.[50]

선과 악이 상호작용을 하며 그 작용에서 서로가 서로에게 꼭 필요한 존재라는 생각은 여러 신비주의 전통의 핵심이었다. 딕이 이 견해를 고수했다면 자신을 사로잡은 악마를 쫓아 버릴 수 있었을지도 모른다. 하지만 딕은 만물의 체계가 선하다는 것을 완전히 확신할 수 있어야만 했다. 1975년에 딕은 이렇게 적었다. "이것은 마니가 생각한 사악한 세계가 아니다. 사악한 세계 아래에 선한 세계가 있다. 그리고 악이 어찌어찌 해서 그것(마야) 위에 겹쳐져 있다. 겹쳐진 악이 벗겨져 나가면 태고의 빛나는 창조가 보일 것이다."[51]

악이 선에 덧씌워진 가림막이라는 개념은 오래전부터 있었다. 하지만 풀리지 않는 질문이 남는다. 이 가림막은 왜, 그리고 어디에서 생겨난 것인가? 신성한 정신에서 생겨났다면, 이 세상의 창조자는 그 자신 안에 악을 가진 존재여야 한다. 이 창조자는 여러 신 중에서 급이 낮은 신일지도 모른다. 하지만 진정한 신이 전적으로 선하기만 하다면, 이 모호한 악신-선신 혼합은 어떻게 생겨나게 됐을까? 왜 인간은 환상과 사투를 벌이면서 삶을 보내야만 하는 것일까?

딕은 이런 질문에 답할 수 없었다. 영지주의에서는 악이 무지와 동일하다. "그노시스"를 획득하면 (적어도 그노시스의 획득과 사용에 능한 사람들에게서만이라도) 악이 사라진다. 이런 종류의 계몽에는 불확실성이 존재할 수 없다. 하지만 딕의 경험은 이렇지 않았다. 딕이 경험한 계몽은 정신의 해체를 촉발했다. 딕이 받은 계시는 탐색을 끝내 주지 않았다. 아마도 그래서 딕이 자신이 구축하려던 개념들의 체계에 진화 개념을 도입했을 것이다. 영지주의에는 없는 진화 개념을 불러옴으로써, 딕은 방대한 인간 역사와 우주적 시간에 걸쳐 진행되는 변모를 믿을 수 있었다. 인간의 정신이 점점 계몽되고 있다고 본 점에서, 딕은 오늘날 거의 보편적으로 퍼져 있는 전제를 받아들인 셈이다. 많은 면에서 도덕률 폐지론자의 면모를 보였지만, 딕은 자신이 살던 시대의 산물이기도 했다.

인간이 점점 진보한다는 믿음은 현대의 세계관에 깊이 뿌리박혀 있다. 플라톤주의, 영지주의, 초기 기독교 등에서는 시간 속에서 살아 나가는 그림자 세계가 무언가 더 나은 상태를 향해 나아가고 있는지에 대한 질문이 존재하지 않았다. 그들은 언젠가 시간이 말 그대로 끝나 버리거나 "시간"과 "영원"이 영구적으로 공존할 것이라고 보았다. (예수는 전자와 같은 종말론을, 플라톤과 영지주의자들은 후자를 믿었던 것 같다.) 어느 쪽이든, 인간사의 흐름에 근본적인 변화가 발생해서 역사의 경로를 바꾸리라고 기대되지는 않았다. 고대 세계에서 당연하게 여겨졌던 이 생각이 오늘날에는 당최 이해할 수 없는 개념이 되었다.

현대 세계는 기독교적 개념을 이어받았다. 기독교는 역사의 전개 과정에서 구원이 펼쳐지리라고 본다. 기독교 신화에서 인간사는 신만이 아시는 설계대로 흘러간다. 인류의 역사는 구원의 역사다. 이 개념은 사실상 모든 서구 사상에 영향을 미쳤다. 종교에 적대적인 사상에도 마찬가지다. 기독교 이래로 인간의 구원은 (적어도 서구에서는) 역사상의 움직임으로 이해됐다. 역사를 인간 해방의 과정(혁명을 통해서건 점진적 개선을 통해서건)이라고 본 모든 현대 철학은 기독교적 서사의 모호한 변종인 셈이다. 그리고 기독교적 서사 자체도 예수가 원래 전했던 메시지의 모호한 변종이다.

딕은 우연에 의해 지배되는 역사를 받아들이는 것과 비밀스런 계획의 지배를 받는 역사를 믿는 것 사이에서 갈팡질팡했다. 1980년에 딕은 대안 세계를 다룬 소설 "바울 행록*The Acts of Paul*"을 쓰려고 했다. 여기에서 역사의 우연성 개념을 밀고 나가 볼 작정이었다. 역사가 의미를 가진다고 굳게 믿는 사상인 기독교가 무작위적인 사건들에서 생겨난 곁가지일 뿐이라고 이야기하는 소설이 될 터였다. 아쉽게도, "바울 행록"은 쓰이지 않았다.[52]

진화가 모종의 바람직한 결말을 향해 간다는 믿음은 도처에 퍼져 있었고, 딕은 그것에 영향을 받지 않을 수 없었다. 무엇보다, 진화 개념은 딕이 겪은 계시들이 언젠가는 파악될 수 있으리라고 약속했기 때문에 강하게 딕을 끌어당겼다. 시간이 가면서 정신이 진화해 간다면 딕의 혼돈은 영원한 것이 아닐 터였다. 딕은 이렇게 언급했다. "벌어진 일은 이렇다. (…) 내가 현실로 깨어난 것이다. 그러나 그 현실에는 층층이 모조품이 덧붙어 있다. 우리는 피상적인 변화만을 보면서 시간과 시간의 흐름에 대한 감각을 느낀다. (…)

나는 무의식의 전령을 지나 의식으로 넘어갔을 뿐이다……."[53]

딕은 죽기 몇 개월 전에 『주해』의 한 페이지짜리 "최종 언명"을 동봉한 편지를 썼다. "하이퍼구조"의 지침을 받아서 인간보다 높은 수준의 지각을 가진 종이 진화하고 있다는 것이었다. 딕은 이것이 "단지 믿음에 불과한 것"[54]이 아니라고 주장했다. 하지만 그 정도를 넘어서 이것은 진리여야만 했다. 딕은 자신이 겪은 혼란스런 경험들이 지속적인 계몽의 과정에 속하는 국면들이었다고 믿지 않고는 살 수 없었다. 딕은 어떤 의미라도 찾아내는 것이 너무나 절실했고, 알지 못할 경험들과 영원히 남겨지는 상항을 피하기 위해서는 진화라는 환상이 필요했다.

"그 구역"에 들어가다

우리는 지능을 가진 외계 생명체가 지구를 방문한다면 우리 인간과 상호작용을 하기 위해서일 것이라고 믿고 싶어한다. 우리와 의사소통을 하거나 우리의 행동을 연구하거나, 아니면 우리를 착취하거나 파괴하기 위해서라도 말이다. H. G. 웰스H.G. Wells의 고전적인 외계인 침공 소설 『우주 전쟁War of the Worlds』(1898)에서 화성인은 지구가 화성보다 젊고 따뜻하기 때문에 지구를 침공한다. 그들은 화성인을 위해 인류를 쓸어 버리겠다는 목적을 가지고 있다.

미헬 파버르Michel Faber는『언더 더 스킨Under the Skin』(2000)에서 외계인에게 인간이 어떤 존재일지를 탐색했다. 이 책에서 외계인은 젊고 매력적인 여성의 모습을 하고서 히치하이커들을 사로잡아 동료 외계인들에게 먹을거리로 제공한다. 이런 이야기들에서 인간은 외계에서 온 생명체에게 어느 정도 가치와 중요성을 가진다. 그 가치가 부정적이거나 그 중요성이 도구적인 것에 불과하다 해도 말이다. 그런데, 만약 외계의 방문자가 인간에 대해 아무 관심도 없다면 어떻겠는가?

아르카디 스트루가츠키Arkady Strugatsky와 보리스 스트루가츠키Boris Strugatsky 형제의『노변의 피크닉Roadside Picnic』이 그런 가능성을 보여 준다. 이 소설은 1972년에 구소련에서 검열로 이곳저곳이 잘린 채 처음 출간됐으며, 안드레이 타르코프스키Andrei Tarkovsky에 의해 〈스토커Stalker〉라는 영화(1979)로 제작되기도 했다. 소설에서 외계인은 지구의 여섯 장소를 방문한다. 나중에 지구의 과학자들이 "맹인 구역," "역병 구역" 등으로 이름을 붙이는 이 장소들은 물리적인 법칙이 적용되지 않는 것처럼 보이는 위험한 곳이다. 그곳에는 "스토커"들이 귀하게 여기는 물건들이 있다. 스토커들은 목숨을 걸고 들어가서 물건들을 몰래 주워다 팔아 살아간다. 이 물건들이 무엇에 어떻게 쓰이는 것인지는 알려져 있지 않다. 외계인이 왜 방문했는지도 알려져 있지 않다.

외계인이 별다른 목적 없이 지구에 왔으며 그들이 남기고 간 물건들은 잠깐 들렀다 갈 때 내놓게 되는 쓰레기들이라고 생각해 보자. 그 구역들을 조사하던 한 과학자는 아마도 이것이 사실이리라고 생각한다.

소풍 말이에요. 생각해 보세요. 숲, 시골길, 초원. 자동차 한 대가 초원으로 들어가는 길가에 멈추고 젊은 남성이 내리지요. 그들은 병, 소풍 바구니, 라디오, 카메라 등을 꺼내고, 소녀들도 내리네요. (…) 모닥불을 피우고 텐트를 치고 음악을 켭니다. 그리고 아침이면 떠납니다. 간밤을 공포로 지새운 새들, 곤충들, 동물들이 둥지에서 슬금슬금 나옵니다. 그들은 무엇을 보게 될까요? 쏟아진 기름, 휘발유가 흘러 생긴 웅덩이, 낡은 점화 플러그, 오일 필터 등이 여기저기 있는 것을 보게 될 것입니다. (…) 버려진 옷, 타 버린 전구, 누군가가 버리고 간 멍키스패너도 있겠군요. 자동차 바퀴는 늪에 자국을 남겼을 것이고요. (…) 물론 불을 피운 흔적, 사과 심, 사탕 껍질, 깡통, 병, 누군가의 손수건, 누군가의 주머니칼, 낡은 신문지, 다른 초원에서 가져온 시든 꽃도 있을 것입니다……[55]

외계인이 남기고 간 물건 중에는 무한한 에너지를 내서 기계에 동력을 제공할 수 있는 검은 막대기도 있고, 주변의 살아 있는 것들을 모두 파괴하는 "죽음 램프"도 있으며, 무엇에 쓰이는 것인지 영 알 수 없는 "스프레이"와 "바늘"도 있고, 소원을 들어주는 "황금 공"도 있다. 이런 물건을 찾으러 위험을 무릅쓰고 잠입하는 스토커들은 영어 단어 "스토커stalker"가 암시하는 사회교란적인 행위자는 아니다. 보리스 스트루가츠키에 따르면, 그들 형제가 이 책을 쓰고 있었을 때 러드야드 키플링Rudyard Kipling이 쓴 『스토키 사 Stalky & Co.』(1899)의 러시아 번역본(그들은 러시아혁명 이전에 나온 러시아어 번역본을 벼룩시장에서 발견했다고 한다.)에서 "스토커"라는 단어의 러시아어를 봤다고 한다. "그 구역"에 들어가 값어치가 나갈 만한 것을 찾는 "탐사자" 혹은 "잠입자"를 묘사하는 말로 "스토커"를 사용했을 때, 스트루가츠키 형제가 원했던 것은 "물정에 밝고 (…) 강인하며 어떤 때는 가차없기까지 한 젊은이, 그러면서도 소년다운 장난스러움이나 관대함도 없지는 않은 젊은이"의 이미지를 연상시키는 것이었다고 한다.[56]

스토커들은 인생 역전을 가져다 줄 만한 것을 찾으러 그 구역에 들어간다. 스토커가 찾아내는 물건들은 사용할 수 없고, 많은 경우에 설명할 수조차 없다. 그렇다고 가치가 없는 것은 아니다. 오히려 그 반대다. 무엇인지 알 수 없다는 점이 그 물건의 가치를 높여준다. 사람들이 그렇게나 그 물건들을 구하려 하는 이유는, 그것들이 인간의 정신으로 파악될 수 없기 때문일 것이다.

어쨌든 대다수의 사람들에게는 외계인의 방문이 삶에 아무런 변화도 일으키지 않는다. 그 과학자는 이렇게 말한다.

우리는, 인류 전체의 입장에서 보면 그들의 방문이 아무 흔적도 남기지 않고 지나갔다는 것을 압니다. 인류 전체에게는 모든 것이 흔적을 남기지 않고 지나가지요. 물론 모닥불에서 아무 알밤이나 하나 꺼냈다가 지구에서의 삶을 도저히 견딜 수 없게 만들 무언가를 접하게 될지도 모르지만요. (…) 인류 전체는 너무나 안정적인 시스템이어서 무엇도 그것을 교란할 수 없습니다.[57]

스토커들조차 외계인이 남겨 놓고 간 것들을 덥석 취하지는 않는다. 타르코프스키의 영화(스트루가츠키 형제가 각본을 썼다)에서 외계인은 그곳에 들어간 사람의 가장 소중한 꿈을 이뤄 주는 "방"을 남겨 놓았다. 작가 한 명과 교수 한 명이 스토커 가이드의 안내를 받아 폐허가 된 땅을 가로질러 그 방의 대기실에 도달한다. 가는 도중에 그들은 그 방에 들어가면 무엇을 빌고 싶은지 이야기한다. 작가는 노벨상을 타고 싶다고 말한다. 교수는 그 방이 인류에게 위험하기 때문에 방을 파괴하고 싶다고 말한다. 가이드는 자신이 원하는 것이라고는 방을 찾아가는 사람들을 돕는 것뿐이라고 말한다. 가이드는 전에 알았던 어떤 스토커 이야기도 해 준다. 가이드가 방에 대해 아는 것은 모두 그 스토커로부터 들은 것이라고 했다. "포큐파인"이라고 불리던 그 스토커는 방에 들어갔다 나와서 부자가 됐는데 목을 매 자살했다고 한다. 방 앞에 도착하자 교수는 방이 위험하지 않다고 판단하고 가져온 폭발 장치를 해체한다. 세 명은 대기실에 앉는다. 잠시 후 비가 오고 천정에서 물이 새어 들어오기 시작한다. 영화는 외계인이 남긴 것이 인간에게 의미(그게 어떤 의미이든)를 갖는지에 대해서는 말하지 않는다. 어쩌면 그 방은 들어간 사람이 진짜로 가장 원하는 것이 무엇인지를 드러내 주는, 정말로 위험한 것일 수도 있다. 또 어쩌면 그 방은 그냥 비어 있을 수도 있다. 어느 경우든, 〔결국〕 아무도 거기에 들어가지 않을 것이다.

웨스튼 씨, 성냥을 떨어뜨리다

"존재의 우물 밑바닥에서 전능한 신이 아니라 바보의 광대 모자를 발견하게 되리라는 생각이 들 것이다." '광대 모자 신'이라는 개념은 디어도어 포이스Theodore. F. Powys의 소설 『언클레이Unclay』에 나온다. 『언클레이』는 도더라는 이름의 작은 마을에 살고 있는 사람 두 명을 "베기" 위해, 혹은 "언클레이"하기 위해[즉 생명을 거둬 가기 위해] 도더에 온 신의 전령 존 데스John Death['데스'는 죽음이라는 뜻이다]의 이야기를 담고 있다. 데스는 "언클레이"해야 할 사람의 이름을 적은 양피지를 잃어버려서 그 마을에서 여름을 보내기로 한다. 쾌활하고 난봉꾼 기질이 있는 데스는 마을 여성들과 성관계를 즐기며 시간을 보내고 자신의 임무가 인류의 고통을 누그러뜨려 준다는 점에 기뻐한다. 책의 마지막에서 데스는 이렇게 말한다. "아마 나는 환상일 것이다. 하지만 실재이든 아니든 나는 인간의 적은 아니다."[58]

1931년에 출간된 『언클레이』는 은둔 작가 디어도어 포이스의 마지막 소설로, 그가 탐구했던 핵심 주제를 많이 담고 있다. 포이스는 근본적으로 종교적인 사람이었지만 신앙의 위안을 얻지 못한 채로 살았다. 포이스는 이렇게 언급했다. "나는 믿음이 없다. 믿음은 신에게로 가는 너무 쉬운 길이다."[59] 교회에 왜 그렇게 자주 가느냐는 질문에는 이렇게 답했다. "조용해서요." 또 죽음을 앞두고는 성찬식 받기를 거부했다.

디어도어 포이스는 1875년에 목사의 세 아들 중 한 명으로 태어났다. 형제 모두 작가가 되는데, 나머지 두 명은 존 카우퍼 포이스John Cowper Powys와 르웰린 포이스Llewelyn Powys다. 디어도어 포이스는 마을 여성과 결혼했고 삶의 대부분을 몇몇 외진 마을들에서 살았다. 농사를 지으며 몇 년을 보낸 뒤, 돌아다니는 생활을 하지 않고 집필에 전념하기로 하면서, 아버지로부터 물려받은 유산으로 생계를 유지했다. 포이스의 삶이 늘 자신이 원했던 만큼 은둔적인 것은 아니었다. 그의 작품이 블룸스베리 그룹의 관심을 끌면서 문학계 인사들이 많이 방문했기 때문이다. 오늘날에는 잊힌 작가지만, 한동안 포이스는 거의 유명인사였다.

디어도어 포이스가 남긴 글을 보면, 외진 마을들에서 보낸 생활은 목가적인 시골의 삶이 아니었다. 마을 사람들은 중세의 목각 인형처럼, 어디에나 있는 보편 열정을 드러내고 어디에나 있는 인간의 슬픔을 견뎌 가며 살고 있었다. 디어도어 포이스가 보기에, 인간 세계에서는 어느 것도 영원하지 않았지만 어느 것도 정말로 변하지는 않았다. 이러한 인간 세계는 자신이 사랑한 세상이자 버려두고 떠나고 싶은 세상이기도 했다.

이렇게 상충하는 충동들의 영향을 받아, 포이스는 종교가 말하는 정통적인 가르침을 완전히 뒤집었다. 불멸은 신앙을 가진 사람들이 열렬히 바라는 희망이다. 불멸이 저편 세상에서의 영원한 삶을 의미하든, 시간에서 벗어나 영원의 영역으로 들어가는 것을 의미하든 간에 말이다. 하지만 디어도어 포이스는 필멸을 소중히 여겼다. 죽음은 지고의 악이기는커녕 삶의 부담을 덜어 주는 좋은 것이었다. 포이스는 영원히 사는 것보다 더 나쁜 것은 없으며, 신조차도 죽음으로 망각되기를 열망할 것이라고 생각했다.

디어도어 포이스의 역작 『웨스턴 씨의 좋은 와인*Mr. Weston's Good Wine*』(1927)에는 어느 11월 저녁에 폴리다운이라는 마을을 찾아온 와인 상인의 이야기가 나온다. 웨스턴 씨는 오버코트 차림에 갈색 펠트 모자를 쓰고 "양털처럼 하얗게 센" 머리를 하고 있으며, 마이클이라는 조수와 함께 낡은 흙투성이 포드 자동차를 타고 이 마을에 와인을 팔러 온다. 웨스턴 씨는 "한때 긴 산문시를 써서 그것을 여러 편의 책으로 펴낸" 사람이었다. 그런데 "환상에서 보았던

그 장소와 사람들이 실제로 존재한다는 것"을 발견하고서 너무나 놀랐다.[60]

웨스턴 씨는 그가 자기도 모르게 창조한 세계를 방문해서 인간의 짧은 삶을 함께 나누고 싶었다. 웨스턴 씨가 팔러 온 와인은 두 종류였다. 밝은 화이트 와인은 사랑의 와인이고 짙은 와인은 죽음의 와인이다. 짙은 와인을 웨스턴 씨 자신은 마시겠느냐는 질문에 웨스턴 씨는 이렇게 대답한다. "내가 그것을 마시고 싶을 날이 올 것입니다. (…) 하지만 내가 죽음의 와인을 마실 때 회사는 끝날 것입니다."[61] 웨스턴 씨는 최종적인 죽음, 즉 완전한 소멸을 열망했다. 자신의 이름으로 만들어진 종교는 완전한 소멸로부터 인류를 구원하겠노라 약속했지만 말이다.

결말에서 웨스턴 씨는 와인을 사람들에게 나눠 주고서 마이클더러 운전을 해서 폴리다운 언덕 꼭대기로 데려다 달라고 한다. 언덕 꼭대기에서 엔진이 멈추고 자동차의 불이 꺼진다. 웨스턴 씨와 마이클은 잠시 이야기를 나눈다. 마이클은 웨스턴 씨의 "옛날의 적"에 대해 이야기한다. 웨스턴 씨는 묻는다. "그가 다시 뱀이, 작은 살모사가 되고 싶어할 것 같지는 않은가?" 마이클이 대답한다. "저는 (…) 그가 자신의 원소인 불로 사라지기를 더 원할 거라고 생각합니다." 웨스턴 씨는 기꺼워한다.

"정말로 그럴 것이네!"

웨스턴 씨가 반갑게 외쳤다.

"마이클, 부탁인데 성냥에 불을 붙여서 석유 탱크에 떨어뜨려 주겠나?"

"그러면 우리는 어떻게 되나요?"

마이클이 물었다.

"연기 속으로 사라지지."

웨스턴 씨가 대답했다.

"알겠습니다."

마이클이 슬프게 말했다.

마이클은 시키는 대로 했다. 격렬한 화염이 자동차에서 솟아오르고 연기 기둥이 불꽃 위로 올라가 하늘에 닿았다.

그러다가 불이 잦아들고 꺼졌다. 웨스턴 씨는 사라지고 없었다.[62]

이 이야기는 휴머니즘을 내세운 어느 무신론자보다도 기성 종교에 대해 전복적이다. 신이 자신의 소멸을 원하고 있으니 말이다. 『언클레이』와 같은 해에 나온 『유일한 회개자_The Only Penitent_』에도 자기 소멸을 원하는 신이 등장한다. 시골의 작은 교구로 부임한 주인공 헤이호 목사는 사람들더러 죄를 고백하러 오라고 한다. 목사는 회개의 기회를 사람들이 매우 반길 것이라고 생각했는데 아무도 회개하러 오지 않는다. 어리둥절해진 목사는 자신의 신앙을 의심하기 시작한다. 그러던 중 회개자가 한 명 나타난다. 사람들이

"땜장이 자르"라고 부르는 미친 노인이다. "그 땜장이가 영원한 언덕을 걸어가지 않을 때는 구름을 불러 마차로 이용한다"는 말이 떠돌았다. "땜장이 자르"는 헤이호 목사 앞에 겸손하게 무릎을 꿇고 이렇게 말했다.

"나는 유일한 회개자입니다. (…) 나의 죄를 당신에게 고백하러 왔습니다."
"내가 당신의 죄를 사해 주어도 될까요?"
헤이호 목사가 낮은 소리로 물었다.
"됩니다. 인간이 용서를 해야만 내가 구원될 수 있으니까요."
자르가 대답했다.

자르는 고개를 숙이고 죄를 고백했다.

"나는 내 아들을 십자가에 못 박았습니다. (…) 내가 지상의 모든 공포를 만들었습니다. 괴로움, 역병, 모든 절망, 모든 고통 (…) 이 모든 고통과 모든 악을 내가 만들었습니다."

헤이호 목사는 땜장이 자르에게 삶의 아름다움을 상기시켜 준다. 여성의 사랑, 그 땜장이가 인도한 바를 따라 초록의 초원에서 춤을 추는 사람들의 즐거움 등등. 하지만 노인의 생각은 달라지지 않는다.

"나는 모든 인간을 단칼에 파괴합니다. 나는 인간을 깊은 심연 속으로 던집니다. 인간은 아무것도 되지 않고 무無로 돌아갑니다."
"잠깐만요!"
헤이호 목사가 외쳤다.
"그 마지막 말이 사실입니까?"
"그렇습니다."
자르가 대답했다.
"그러면 인간의 이름으로 당신을 용서하겠습니다. 나는 당신의 모든 악을 사하고 당신을 모든 악에서 구합니다. 모든 선함 속에서 당신을 인정하고 강하게 하며, 당신을 영원한 죽음으로 인도합니다."[63]

디어도어 포이스가 신을 믿었다 해도(그랬을 것 같지는 않지만) 그 신은 기독교의 신이 아니었다. 포이스가 믿은 신은 자신이 만든 창조물에 대해 부끄러워하고 슬퍼한 데미우르고스였다. 이 신은 이렇게 많은 슬픔이 있는 세상을 만든 것에 대한 후회로 가득했다.
디어도어 포이스가 그리는 예수(나중에 기독교의 창시자로 여겨지게 되는 유대인 예언자)는 영지주의적 주제와 닿아 있다. 포이스의 초기 작품 『은둔자의 독백Soliloquies of a Hermit』(1918)에서 예수는 인간에 의해 의절당한 신에 저항해서 "우리의 옛 행복, 우리의 옛 하느님, 우리의 옛 불멸"을 파괴한다."" 예수는 우리에게 불멸에 대한 모든 개념을 잊으라고 말한다. 소멸을 받아들임으로써 죽음이 지배하는 세계를 벗어날 수 있다는 것이다. 이러한 역설이 디어도어 포이스의 작품에서 핵심을 이뤘다는 점에서, 포이스가 영지주의적 기독교인이었다고 말할 수 있을 듯하다. 하지만 포이스는 그노시스에 대해서는 아무것도 말하지 않았다. 계속해서 견뎌 내면서 위안을 주는 것은 참을성 있는 오랜 지구다. 우리는 사라질지 모르지만 빛과 어둠의 순환은 계속될 것이다.

2장
꼭두각시 극장

날개 달린 사람을 보았는데 그는 천사가 아니었다.[1]

─R. S. 토머스R. S. Thomas, "부인The Refusal"

옥상 정원, 깃털, 인간 제물

"우리의 신, 근처의 신, 가까이 있는 신은 웃기 위한 존재다. 신은 임의적이고 변덕스럽고 조롱을 일삼는다. (…) 신은 우리를 자기 손바닥 위에 놓고 뱅뱅 돌게 만든다. 우리는 돌돌 굴러 알갱이들이 된다. 신은 우리를 한쪽 끝에서 다른 끝으로 내던진다. 우리는 신을 웃게 하고 신은 우리를 조롱한다."

아즈텍 말기 귀족들이 자신들의 신을 묘사한 것이다. 아즈텍 사람들은 인간 사회를 지배하는 황제에게도 이런 신의 영혼이 들어와 있다고 믿었다.

아즈텍은 1519년 스페인 정복자 에르난 코르테스Hernan Cortes의 침입으로 멸망했다. 30년 뒤에 프란시스코회 선교사가 아즈텍의 문화를 수집해 글로 작성했는데, 원본이 소장돼 있는 도시 이름을 따서 "피렌체 사본Florentine Codex"²이라고 불린다. 위의 구절도 피렌체 사본에 나온다. 피렌체 사본은 현대인에게는 완전히 낯

선 삶의 방식을 보여 준다. 현대인들은 자신들이 보편적이라고 상정하는 욕구와 가치를 아즈텍 사람들에게 적용하려 하면서, 그러한 "인간 보편의 특성"을 찾아볼 수 없는 사회를 도무지 상상하지 못한다. 어떻게 해서 아즈텍 사람들은, 그렇게 단단히 위계에 고정된 채, 삶의 경로를 스스로 선택하려 하지 않으면서 살 수 있었을까? 그토록 폭력적인 의례들이 수시로 벌어지는 속에서, 어떻게 그들은 혐오를 느끼지 않을 수 있었을까? 현대인들은 아즈텍 사회에 "인간 보편의" 욕구들이 드러나지 않는 것을 아즈텍 사람들이 인간 이하의 존재이기 때문이라고 해석한다.

하지만 더 흥미로운 해석이 있다. 현대인의 정신이 아즈텍 사람들의 존재를 인식할 수 없다면, 이는 현대인의 정신이 아즈텍 사람들 안에서 자기 자신을 발견하지 못하기 때문일지 모른다. 우리 자신을 이해하고 싶어하지 않기 때문에 아즈텍 사람들을 이해할 수 없는 것이다.

아즈텍에 대해 깊은 통찰을 가진 학자 잉가 클렌디넨Inga Clendinnen은 이렇게 언급했다.

아즈텍은 대규모 인간 학살 의례로 악명이 높다. 이러한 살해는 저먼 피라미드의 꼭대기에서만 이뤄지는 일이 아니었다. 살해 자체는 고위 성직자와 지배자만 할 수 있었지만 그 살육은 사람들에게 다 보이는 공개된 곳에서 이뤄졌으며 중앙 사원 구역에서만이 아니라 마을 사원들과 거리에서도 이뤄졌다. 또 사람들은 희생자들을 준비시키고 돌보는 일, 희생자들을 죽음의 장소까지 옮기는 일, 그리고 시신을 정교하게 처리하는 일에 참여했다. 희생자의 시신은 머리와 팔다리, 살과 피, 그리고 가죽이 분리되고, 잘리고, 벗겨져서 사람들에게 분배됐다. 전사들은 희생자의 피가 담긴 조롱박을 들고, 혹은 희생자의 피가 뚝뚝 듣는 가죽을 뒤집어쓰고 거리를 달려 마을로 들어갔고 주민들은 환호했다. 사람들은 희생자의 살을 집의 냄비에서 끓였고 대퇴골을 발라 내고 말려서 집의 뜰에 전시했다. 이 모든 것이, 정확하게 질서 잡힌 정치 체제, 엄격하고 공식적인 태도, 고도로 발달한 미학 등으로 유명한 문명에서 벌어진 일이었다.[3]

통칭 "아즈텍"이라고 불리는 문명은 여러 상이한 종족들을 포함하며, 이들 각자는 자기 종족의 고유함을 증명할 징표들을 가지고 있었다. 하지만 이들은 인간의 본성에 대해 공통된 개념을 가지고 있었다. 인간 본성에 대한 아즈텍인들의 이해는 현대인이 부인하려 하는 인간의 충동들을 중심에 두고 있어서 우리에게 충격과 공포로 여겨진다.

아즈텍이 인간 본성을 어떻게 이해했는지는 두 세기 동안 아즈텍 제국의 수도였던 테노치티틀란의 삶에서 볼 수 있다. 물 위의 도시 테노치티틀란은 스페인 침공 당시 스페인 어느 도시보다도 인구가 많았다. 테노치티틀란에 들어온 스페인 정복자들이 가장 크게 놀란 점은 이 도시의 질서와 청결이었다. 유럽 도시의 불결함에 익숙해 있던 정복자들은 테노치티틀란이 꿈이 아닌가 했을 정도다. 테노치티틀란은 거대 도시였다. 세 개의 둑길로 육지와 연결돼 있었으며, 수로교, 주거지, 도로 등은 정교하고 체계적으로 계획돼 있었다. 크든 작든, 집들은 밝고 우아했다. "모든 건물이 석회로 빛나고, 자로 잰 듯한 운하와 잘 청소된 도로들로 구획돼 있었다."⁴ 호수를 메워 만든 땅에는 초록의 정원이 가꾸어져 있었고 옥상 정원에서는 화초가 자라고 있었다. 테노치티틀란은 교역과 조공의 중심지여서 귀금속도 많았다. 큰 정원의 벽은 아름답게 장식돼 있었고 사제들은 화려한 채색 서적들을 만들었다. 대피라미드가 있는 중심 사원 구역에는 수십 개의 못과 사원과 작은 피라미드들이 있었다.

오늘날 이런 종류의 도시는 인간 이성의 구현이라고 여겨질 것이다. 하지만 이 웅장한 아즈텍 거주지는 주술적인 믿음에 따라 지어지고 관리됐다. 테노치티틀란은 아즈텍인들이 믿었던 신성한 우주관을 반영해서 지어졌다. 이 믿음에 따르면, 인류는 다섯 개의 세계, 혹은 다섯 개의 태양 중 마지막에 살고 있다. 마지막 태양이 빛나기를 멈추면 도시도 파괴된다. 테노치티틀란은 거주자를 신들로부터 보호한다. 하지만 이는 거주자들이 최고의 정성으로 도시를 보살펴야만 가능하다. "헌신적으로 길을 쓸고, 사람들의 집과 신들의 집을 질서 있게 유지해야만, 또 바닥돌에 정기적으로 음식과 술을 뿌리고, 또 자신에게 상처를 내서 피를 쏟아야만, 거대한 신들이 파괴적으로 모습을 드러내는 것을 어느 정도 견제할 수 있을 것이다."⁵

아즈텍 사람들은 신이 세상에 혼란을 일으키는 힘이라고 보았다. 질서는 혼란 위를 얇게 덮고 있는 가림막에 불과했고 교란될 위험을 영구히 안고 있었다. 지식이 증가한다고 해서 인간의 삶을 시초의 무질서에서 구원할 수 있는 것은 아니었다.

중심에 혼란이 있다는 아즈텍 사람들의 믿음은 그들의 놀라운 미적 감각의 핵심이기도 했다. 질서가 찰나의 것이라면 아름다움도 그럴 것이다. 일시성은 궁극의 실재가 갖는 특성이다. 이는 일시적인 것은 실체가 없는 것이라고 보는 현대의 서구 사상들과 대조적이다. 아즈텍 사람들은 깃털을 장식 재료로만 사용한 것이 아니었다. 그들은 사물의 본성에 대한 상징으로 깃털을 사용했다. 인간의 삶처럼 깃털로 만든 예술품도 일시적이다. 의례에 꽃을 사용하는 것도 비슷한 개념을 표현했다. 전사들은 "꽃과 같은" 죽음을 추구하도록 교육받았다. 이는, 여러 운문에서 찬미되고 있듯이, 필멸에 자발적으로 항복하는 것을 의미했다.⁶

아즈텍 사회 전반의 질서를 떠받치고 있는 것은 기저에 혼돈이 있다는 믿음이었다. 국가의 폭력은 우주의 폭력과 신의 폭력을 반영하는 것이었다. 아즈텍 사람들은 살해의 스펙터클을 만드는 것을 부끄러워하지 않았다. 그들은 "희생자들이 끌려 나와 사제들이 기다리고 있는 피라미드의 넓은 계단까지 몰이를 당하며 올라가는 것"을 즐겁게 구경했다. "희생자들은 길을 지나가면서 사람들의 환호를 받고, 각자가 표현하는 신의 상징 앞에서 춤을 추고 죽는다. (…) 크든 작든 살해 의례는 자주 이뤄진다. 이것은 삶의 맥동의 일부다."[7]

당연히 살해 의례는 공포도 일으켰다. 인간 살육을 기초로 세워진 삶의 방식은 야만의 한 형태다. 하지만 야만은 스스로 문명화됐다고 생각하는 사람들에게 교훈을 줄 수 있다. 아즈텍의 경우에는, 서구 사상이 평화의 전망을 그리는 데 기초로 삼고 있는 가정들이 얼마나 불안정한 것인지를 드러내 준다. 서구 사상가 중에서 가장 "현실주의적"이라는 평을 얻는 사람들도 실제와 매우 거리가 먼 인간의 동기에 기대어 질서의 가능성을 설명한다.

17세기 계몽주의 사상가 토머스 홉스Thomas Hobbes를 보자. 홉스는 지극히 냉철한 현실주의적 사상을 개진한 것으로 흔히 평가되며, "홉스적"이라는 말은 생존을 위한 잔인한 투쟁을 의미하는 말로 쓰인다. 하지만 홉스는 현실을 살아가는 실제 인간들을 자신의 사상에서 제거함으로써 사상사에 족적을 남길 수 있었다.

홉스의 체계는 놀라울 만큼 단순하고 명료하다. 홉스는 도덕 개념을 되도록 끌어들이지 않으면서 사회 질서를 설명하고자 하면서, 인간이 무엇보다 폭력적인 죽음을 피하고 싶어한다고 가정했다. 홉스는, 폭력적인 죽음을 맞을 위협이 있음을 깨달으면 사람들이 서로서로 계약을 해서 복종을 명할 무제한의 권력을 가진 지도자를 세우기로 합의할 수 있다고 보았다. 이 주권자(sovereign, 홉스는 이를 "필멸의 신"이라고 부르기도 했다)는 투쟁하는 인류에게 평화를 가져다 줄 수 있을 터였다. "인간을 평화로 이끄는 열망은 죽음의 두려움, 쾌적하게 살기에 필요한 것들에 대한 욕망, 그리고 근명하게 노력하면 그것들을 얻을 수 있다는 희망이다. 그리고 이성 덕분에 인간은 합의를 이끌어 낼 수 있는 평화 조항들을 생각해 낼 수 있다."

『리바이어던*Leviathan*』 13장의 유명한 구절에서 홉스는 이렇게 설명했다.

> 이러한 계약이 없다면 근면은 발 디딜 곳이 없게 된다. 결과물이 불확실할 것이기 때문이다. 따라서 지상의 문화를 위한 장소도 없고, 항해도, 바다에서 수입되는 상품의 사용도 없게 된다. 널찍한 건물도 없고, 무거운 것을 옮기고 없애는 도구도 없게 된다. 또 지구상에 어떤 지식도 있을 수 없게 된다. 역사에 대한 설명도, 예술도, 문자도, 사회도 없게 된다. 가장 나쁘게는, 계속적인 두려움과 폭력적 죽음의 위험이 존재하게 된다.[8]

비할 데 없이 아름다운 문장으로 쓰여진 홉스의 글은 정교한 환상이다. 홉스는 긴 생애(그는 1679년에 91세로 숨졌다)의 말년을 대부분 기하학 연구에 쏟았다. 특히 "원과 동일한 면적의 정사각형 그리기 문제"[유한한 단계를 거쳐 컴퍼스와 자만 가지고 주어진 원과 동일한 면적의 정사각형을 그릴 수 있는지의 문제. 훗날 불가능함이 증명됐다. 옮긴이]에 몰두했다. 인간이 평화를 추구함으로써 폭력적 죽음의 위협에 대응한다는 홉스의 생각은 동그라미로 네모를 만든다는 개념["원과 동일한 면적의 정사각형 그리기"의 영어 표현은 'squaring the circle'로, 직역하면 "동그라미를 네모나게 하기"라는 뜻이된다. 옮긴이]만큼이나 이상하다. 홉스가 자신이 묘사한 합의의 과정이 역사상 어느 시점에 실제로 일어난 일이라고 생각했는지는 분명하지 않다. 어쨌든, 홉스가 이 개념에 실용적인 유용성이 있다고 믿었던 것은 분명하다. 홉스는 국왕과 영주들이 『리바이어던』을 읽고 그 내용을 정치에 적용하기를 바랐다.

홉스의 글은 놀랍도록 명료하지만 그의 사상은 매우 기만적이다. 『리바이어던』에 나오는 인물들은 아무리 추상화된 형태라고 해도 인간이 아니다. 그들은 인간이 해결할 수 없는 문제, 즉 평화에 대한 갈구와 인간 본성의 욕구를 조화시키는 문제를 해결하기위해 발명된 호문쿨루스다. 홉스는 자부심과 명예의 욕구가 질서에 방해가 된다는 것을 알고 있었다. 하지만 그렇더라도 죽음의 두려움에 몰리면 인류가 폭력적인 충돌을 포기하고 영구적인 평화를 만들 수 있다고 믿었다.

그러나 실제 역사는 홉스의 견해를 뒷받침하지 않는다. 사람들은 폭력에서 벗어나려 하기보다 폭력에 적응했다. 역사는 장기적인 분쟁의 시기로 가득하다. 17세기 초 유럽의 30년 전쟁, 16세기 말과 17세기 초 러시아의 "동란의 시대", 20세기에 벌어진 게릴라 전투들에서 지속적인 살육은 거의 정상으로 받아들여졌다. 적응력 뛰어나기로 유명한 인간 동물은 폭력과 함께 사는 법을 금세 배웠고 곧 그것에서 만족을 발견하게까지 됐다.

살육에 싫증이 나면 사람들은 자신들을 자제시켜 줄 압제자를 원하기도 했다. 하지만 이때도 사람들이 질서의 꿈만을 추구한 것은 아니었다. 더 조직화된 유혈 사태, 그것도 소수자(유대인, 집시, 동성애자, 이민자 등 "다른" 사람들)를 겨냥한 조직적 폭력이 그 꿈의 일부였다. 밋밋하고 무감각한 비참함 속에서 삶을 보내기보다 다른 이를 박해하는 편을 택한 사람들은 스스로를 선과 악의 투쟁에 나선 경기자라고 생각했다.

자기 내면의 폭력을 몰아낼 수 없었던 인간은 그것을 신성화하기로 했다. 이것이 아즈텍 사람들이 질서 문제를 해결한 방법이었고, 아즈텍인은 이에 대해 어떤 가식이나 죄책감도 보이지 않았다. 살인 의례는 인간 사이에 존재하는 어떤 평화도 필수적으로 포함하게 마련인 야만을 구현한 것이었다.

틀라토아니(아즈텍 제국의 황제. "위대한 연사"라는 뜻으로, 최고의 권력을 행사했다)가 죽어서 다른 세상으로 가면 지배층은 성인 남성 사이에서 새 지도자를 뽑았다. 물론 전투에서 보였던 용맹은 중요한 고려 대상이었다. 하지만 새 지도자로 선택된 사람에게는 신의 속성이 깃들어야 했다. 새 지도자는 테즈카틀리포카 신의 형상 앞에서 나신으로 밤새 기도를 하고 나서야 궁에 들어갈 수 있었다. 테즈카틀리포카는 전사의 신이자 "연기 나는 거울"(점칠 때 사용하는 흑요석 거울을 말한다)이라고 불린 주술사의 신이다. 이 과정을 거쳐야만 지도자는 [신이 깃들어] 신처럼 운명의 변덕을 구현하게 된다. 테즈카틀리포카는 "조롱하는 자"라고도 묘사되는데, 테즈카틀리포카 신을 찬양한 어느 시는 이렇게 시작한다. "내가 바로 적이다."⁹ 지도자에게로 들어와 체현되는 신은 바로 이런 신이었다. 새 지도자에게 그 신이 들어오면, 이제 그의 야만성은 달랠 길이 없게 된다. "우리가 새로운 왕을 선출하면 (…) 그는 이미 우리의 신이다. 우리의 사형 집행인이다. 우리의 적이다."¹⁰

서구 이론이 설명하는 권위 개념과 놀라운 대조를 보인다. 홉스는 절대 주권자를 필멸의 신이라고 표현하긴 했지만, 이것은 합의와 계약의 제약을 받는 신이다. 평화를 지켜내지 못하면 주권자의 권력은 전복될 수 있다. 하지만 지도자가 저항을 미리 막기 위해 자신의 절대 권력을 사용하고서 그 다음에 신의 변덕을 부리며 행동해 버리면 어떻게 되겠는가? 아즈텍 사람들이 상정한 것이 바로 이런 경우였다. 아즈텍 사람들은 권력이 제약될 수 있다고 보지 않았다. 하지만 권력 없이 살 수 있다고도 보지 않았다. 인간은 자신의 지도자가 곧 자신의 적인 세계에서 살아가야 할 운명을 가졌다. 그러나 어쨌든 이 적이 그가 없이는 유지가 불가능할 질서를 어느 정도 보장하기는 한다.

인간의 분쟁에 대한 홉스의 진단이 맞다면, 아즈텍은 잔혹한 무정부주의 상태이고, 예술도 산업도 문자도 없었어야 한다. 하지만 아즈텍은 스페인 침입자들이 깜짝 놀랐을 정도로 번창하는 도시였다. 아즈텍 도시는 서구의 윤리학과 정치학이 근본적으로 깔고 있는 가정들을 반박하는 실증 사례다.

아즈텍에 대한 이야기 중 죽음의 방식보다 우리에게 더 어리둥절한 것은 없을 것이다. 아즈텍 사람들이 살해 의례를 수행한 이유에 대해 많은 가설이 제시됐다. 클렌디넨은 몇몇 "지극히 단순한 설명들"을 다음과 같이 소개했다. "단백질이 부족한 식단에 영양을 보충하기 위한 것이었다든지, 사악하고 냉소적인 지배층이 일종의 대중 마약으로 발명한 것이라든지, 열역학 제2법칙에 대한 나름의 대응, 즉 엔트로피에 의해 소실되는 에너지를 보충하기 위해 뜨겁고 맥동치는 인간 심장을 먹으려 한 것이라든지 하는 가설들이 제기됐다." 하지만 클렌디넨이 지적했듯이, 이런 설명들은 "입증해야 할 것을 그냥 가정해 버리고 있다".[11]

희생 의례가 실제로 어떻게 수행되었는지 살펴보는 것이 더 유용할 것이다. 희생자들은 자발적인 참여자는 아니었다. 대개 전쟁 포로이거나 다른 도시에서 공물로 바쳐진 노예와 같은 외부인이었을 것으로 보인다. 같은 공동체에서 선택된 희생자는 한 부류뿐이었는데, 어린아이들이었다. 이 아이들은 성스러운 날에 신에게 바쳐질 제물로, 어머니들에게서 "구매"되었다.[12] 어른 희생자들에 대해서는 순종하도록 만들기 위해 다양한 기법이 동원됐다. 향정신성 약물과 술, 그리고 공포심을 마비시키기 위한 수차례의 사전 연습 등이었다. 아무도 희생자들을 동정하는 척 꾸미지 않았다. 하지만 희생자들은 20세기의 대량학살에서처럼 인간 이하의 존재로 여겨지지도 않았고, 평화롭게 살 상상의 미래 세대를 위한다는 명목으로 희생되지도 않았다. 아즈텍에서는 잡힌 사람과 잡은 사람이 하나로 결합됐다.

의례의 핵심은 자아 감각을 없애는 것이었다. 전사였던 잡힌 자는 죽음에 이를 때까지 잡은 자의 예우를 받으면서 치장되고 준비된다. 잡힌 자가 죽고 나면 (싸움 의례에서 죽거나 사원 꼭대기에 있는 살해의 돌에서 참수를 당하는 식으로 죽었다.) 잡은 자는 죽은 자의 피가 담긴 조롱박을 받아들고 도시 전역을 다니면서 우상들의 입에 피를 바른다. 잡힌 자의 살은 잡은 자의 가족이 식사 의례 때 먹는다. 하지만 잡은 자 자신은 그 살을 먹지 않는다. "내가 나 자신을 먹을 것인가?"[13]

이러한 살해 의례는 전사에게 통상적으로 요구되는 엄격한 정체성의 구속을 느슨하게 하면서, 더 진정한 실재라고 여겨진 혼돈과 연결될 수 있게 해 주었다. 살해 의례는 인간의 정신이 두려움 위에 덮어 둔 의미들을 걷어 내서 벌거벗은 인간성을 드러낼 수 있게 했다. 그러고 나서, 의미의 부재는 다시 가림막으로 가려졌다. 피에 담가진 뒤에 삶은 다시 시작됐다.

아즈텍 사람들은 인간이 완성된 상태로 세상에 왔다고 보지 않았다. 그들이 보기에, 인간은 신이 만들기는 했지만 미완성품인 꼭두각시 인형이며 자신의 정체성을 스스로 만들어 가야만 했다. 하지만 이는 자신이 누구이고 무엇이 될 것인지를 스스로 선택함으로써 이뤄지는 것은 아니었다. 그들의 "얼굴"은 그들이 결코 통제할 수 없고 이해할 수도 없는 세계와 상호작용을 하는 과정에서 드러나게 될 터였다.

살인 의례는 인간의 자부심을 하나도 남겨 놓지 않는다. 희생자가 전사였다면, 전에 그가 가졌던 사회적 지위는 모두 부인된다. 전사로서의 휘장이 떨어진 뒤에 그들은,

질질 끌려가는 사슴처럼 팔다리가 묶이고 고개를 늘어뜨린 채 피라미드의 계단으로 올라가거나 몸부림치며 불로 들어간다. (…) 구경꾼들은 우아하지 못한 인간의 몸짓을 보았을 것이다. 계단으로 끌려 올라가거나 기어 올라간 희생자들은 잡혀서 다시 내동댕이쳐진다. 사제의 팔이 올라가고 내려오고 다시 올라간다. 축 늘어진 몸이 피라미드의 경사면을 타고 굴러떨어진다. (…) 사람들은 부서져 버린 시신이 수거되는 것을 본다. 수거된 시신은 해체하고 분배하기 위해 잡은 자의 가정에 있는 사원으로 옮겨진다. 시신의 살과 뼈를 발라

낸 후, 살 조각은 익혀서 먹고 가죽은 기름과 피가 뚝뚝 듣는 채로 살아 있는 사람들이 덮어 쓰며 혈전은 사원의 벽에 바른다.[14]

분명 소름끼치는 장면이었을 것이다. 그리고 오늘날 이것을 읽는 사람은 누구나 기묘한 느낌을 받을 것이다. 클렌디넨은 이렇게 설명했다. "아즈텍 사람들은 자신이 동료 인간을 죽이고 있다는 것을 알았다. 그들이 인간이라는 점이야말로 의례의 희생자로서 그들을 규정하는 점이었다. 이 놀라운 의례 전반에서 보이는 아즈텍의 천재성은 극히 비인간적인 양태의 존재 속에서 '인간'을 읽어내고 인정했다는 데 있다."[15]

뛰어난 요약이기는 하지만 불편한 느낌은 여전히 남는다. 아즈텍 세계의 낯선 특성들은 단지 그들이 살육의 스펙터클을 만들었다는 데서만 오는 것이 아니다. 로마 사람들도 검투 경기에서 비슷한 것을 했다. 하지만 로마인들은 오락을 위해서 그렇게 했다. 아즈텍의 기이한 점은 자신들의 삶에 의미를 만들기 위해 살육을 했다는 데 있다. 인간 희생의 의례를 통해 아즈텍 사람들은 우리 세계가 덮으려 애쓰는 것을 드러내려 애썼던 듯하다.

오늘날 사람들은 폭력이 비인간적이라고 주장한다. 생명보다 소중한 것은 없다고들 말한다. 자유 정도가 생명보다 소중한 자리를 간혹 차지할 뿐이다.(자유를 위해서는 기꺼이 죽겠다고 말하는 사람들이 있다.) 어떤 사람들은 아무도 폭력으로 죽지 않는 미래를 만들기 위해 막대한 살육을 저지를 준비가 되어 있다. 또 어떤 사람들은 폭력이 사라지고 있다고 믿고 있다. 이들 모두 "인간에 의한 인간의 살육"이 끝나기를 원한다고 말한다. "인간에 의한 인간의 살육"이야말로 인간 역사의 경로를 구성해 온 것인데도 말이다.

아즈텍은 대량 살육이 보편 평화를 불러올 것이라는, 현대와 같은 기만을 가지고 있지 않았다. 아즈텍인들은 인간이 더 이상 폭력적이지 않은 미래를 그리지 않았다. 그들의 인간 희생 의례는 세계를 개선하기 위해서가 아니었고 더 나은 인간 종을 만들기 위해서는 더더욱 아니었다. 아즈텍인들이 말한 대로, 살육의 목적은 혼돈의 세계에 내재된 무의미한 폭력으로부터 자신을 보호하는 것이었다. 인간 희생 의례가 의미를 만드는 매우 야만적인 방법이라는 점은 그들에 대해서만큼이나 우리 자신에 대해서도 알려 주는 바가 크다. 문명 사회와 야만 사회는 다른 종류의 사회가 아니다. 문명과 야만은, 인간이 무리지어 살아가는 곳에서는 언제나 한데 얽혀서 나타난다.

우리가 아즈텍 세계를 진지하게 생각한다면(결국 그 세계도 인간이 만든 세계다.) 현대 세계를 새로운 시각에서 볼 수 있을 것이다. 인간은 여러 이유로 서로를, 또 스스로를 죽인다. 하지만 인간만의 독특한 특성을 꼽으라면 의미를 추구하기 위해 죽고 죽인다는 점이다. 인간은 생명을 잃는 것보다 의미를 잃는 것을 더 두려워한다. 많은 이들이 어떤 종류의 생존보다는 차라리 죽음이 낫다고 여기며, 꽤 많은 사람이 폭력적인 죽음을 선택한다.

여기에서 자발적으로 순교하는 지하디스트를 떠올리기 쉽겠지만, 폭력적인 죽음을 선택하는 사람들이 다 종교 때문에 그러는 것은 아니다. 자살 폭탄은 실용적인 이유에서도 많이 사용됐다. 비대칭 전쟁*에서 쓰이기에 비용 효율적이고 당사자의 가족에게 득이 될 수도 있다. 하지만 자살 폭탄이 널리 퍼진 이유를 꼽자면 그것이 "의미에 대한 갈구"에 호소력이 있었기 때문일 것이다. 최초로 폭탄 조끼를 발명한 스리랑카의 타밀 게릴라는 레닌의 후예였고, 1980년대 레바논의 자살 테러범들도 그랬다. 그들은 내세라는 개념은 거부했지만, 새로운 세계를 지을 수 있다는 더 불합리한 환상을 선택했다.

홉스는 인간에게 불합리성이 존재한다는 것을 알고 있었다. 나머지 부분의 논거를 뒤흔들면서,『리바이어던』5장에서 홉스는 유쾌하게 이렇게 언급했다. "불합리라는 특권. 다른 생명체는 그렇지 않은데 유독 인간만이 벗어나지 못하는 특성."[16] 홉스는 언어를 의미 없이 사용하고서는 그것에 기초해 행동하는 경향을 불합리성이라고 보았다. 여기에서 홉스는 자신의 합리주의 철학이 숨기고 있는 인간 동물의 특성을 잘 짚어 내고 있다. 동물 중 유독 인간

---

* 양 측의 전투력이 많이 차이 나고, 약한 쪽에서 테러 같은 전술을 쓰게 되는 전쟁을 말한다. 옮긴이

만이 말도 안 되는 꿈을 위해 죽고 죽이면서 삶의 의미를 찾으려 한다. 이런 불합리 중 근현대에 드러난 대표적인 것이 "새로운 인류"에 대한 꿈이다.

20세기에 있었던 최악의 대량 살육 사건들은 인간 종을 다시 만들겠다는 목적에서 자행됐다. 레닌의 추종자들이 사회주의적 인류를 꿈꿨다면, 나치는 "우월한 인종"을 만들고자 했다. 다른 나라의 체제 변화를 노리면서 전쟁을 일으킨 서구 정부들은 레닌이나 나치와는 다른 부류라고 여겨질지 모른다. 하지만 그들을 추동한 충동은 레닌이나 나치에서와 그리 다르지 않았다. 이런 전쟁을 비판하는 사람들은 전쟁의 진짜 목적이 지정학적인 것이었다고 지적한다. 석유 확보와 같은 전략적 이득을 위해 자행됐다는 것이다. 지정학적, 전략적 요소가 있었다는 것은 분명하지만, 그보다는 마술적 사고가 전쟁을 일으킨 더 중요한 요인이었을 것이다. 타국의 체제 변화를 노리는 전쟁들은 종종 어떤 전략적 목적에도 기여하지 않는다. 그보다, 이런 전쟁은 역사 속에 족적을 남기려는 시도다. 서구 지배층은 전혀 알지 못하는 사회에 개입하면서 그곳에 (그들이 생각하는) 자신을 본따 조직된 사회를 만들고자 꿈꿨다. 자유, 민주, 인권에 기반한 새 사회 말이다. 그리고 이는 부인할 수 없는 결과들을 초래했다. 실패한 국가, 아나키 상태, 전보다 더 나쁜 새 압제자 등등. 하지만 자신이 세상을 바꾸고 있다는 생각을 유지하기 위해 우리의 지도자들은 자신이 정작 무슨 일을 저질렀는지는 보지 않으려 한다.

아즈텍 사람들도 마술적인 사고를 수행했지만, 이들은 자신의 마술이 시간이 지나면 약해지고 무너지리라는 것 또한 알고 있었다. 쳐들어온 스페인 정복자들은 아즈텍의 체계와 전혀 맞지 않았다. 기만적이고 겁이 많은 스페인 정복자들은 전쟁의 모든 관습을 어겼다. 무장하지 않은 사람을 공격하고, 신성한 땅에서 전사를 죽이고, 마을 전체를 쓸어 버리고, 틀라토아니를 납치했다. 전염병도 가져와서 천연두가 아즈텍에 퍼졌다.

길조와 흉조를 읽어 지침을 얻으려던 아즈텍 사람들은 호수로 가라앉는 하늘의 빛을 보았다. 이들은 4개월이나 포위 생활을 견디면서 저항하다가 마지막 틀라토아니가 도시에서 빠져나가려다 잡히고서야 항복했다. 다섯 개의 태양 중 마지막 태양이 빛나기를 멈추었다.

도시는 완전하게 파괴됐다. 한 스페인 병사는 테노치티틀란의 위대한 건물, 정원, 과수원, 석조 작품, 사원 등을 묘사하고 나서 이렇게 적었다. "그리고 내가 본 이 모든 것이 무너지고 파괴됐다. 멀쩡히 서 있는 것은 아무것도 없었다."[17] 살아남은 사람들은 스페인 병사의 노예가 됐다. 여성과 남자 아이들 얼굴에는 낙인이 찍혔다. "약속된 안전"을 의미했던 틀라토아니는 고문을 당하고 처형됐다. 신전을 지키는 사람들은 개를 풀어 물려 죽게 했다.

아즈텍의 사제들이 자신들의 마지막 고통 속에서 어떤 생각을 했을지는 알 수 없지만, 짐작컨대 자신이 처한 운명에 대해 놀라지는 않았을 것 같다.

흑요석 거울, 숨은 천사, 알고리즘 마니차

선진국의 어떤 사상가들은 폭력을 일종의 후진성으로 본다. 이들에 따르면, 발달된 지역에서는 전쟁이 사실상 사라졌다. 근대적 제도와 사상의 혜택을 받지 못한 후진국은 여전히 인종적, 종족적, 분파적 충돌을 겪고 있을 수 있지만, 다른 곳에서 인류는 진보해 왔다. 강대국들은 내부적으로도 분열돼 있지 않고 서로 전쟁을 하려는 경향도 보이지 않는다. 선진국은 민주주의의 확산과 부의 증가로 이제껏 없었던 평화의 시대를 영위하고 있다. 20세기를 겪은 사람들이 보기에는 20세기가 유독 폭력적이었다고 여겨질지 모르지만, 이는 과학적 판단이 아니라 주관적 판단이다. 객관적으로 평가해 보면, 실제로 20세기의 폭력은 사소한 정도이며 폭력 분쟁으로 사망한 사람 수는 꾸준히 감소했다. 이 숫자는 지금도 감소하고 있으며 앞으로도 그러리라고 볼 근거들이 충분하다. 이들에 따르면, 거대한 전환이 벌어지고 있으며 이 전환은 ("불가피"하다고까지는 말할 수 없더라도) 매우 강력한 추세로 이뤄지고 있다. 살육의 수세기를 지낸 뒤, 드디어 인류는 긴 평화의 시대로 접어들고 있다. 인상적인 도표와 그래프를 제시해 가며, 이와 같은 주장은 많은 이들에게 인기를 끌고 있다.[18]

통계가 폭력의 감소 추세를 보여 주는 듯하기는 하지만, 보이는 게 전부는 아닐 수 있다. 이런 주장에서 제시되는 통계는 주로 전투원 사망자 수만을 다룬다. 전투원 사망자가 줄어든 것이 사실이라 해도, 그 한 가지 이유는 [공포의 감소가 아니라] 공포의 균형이다. 가령 핵무기는 강대국 사이에서 대규모 전쟁을 아직까지 잘 막아내고 있다. 한편, 비전투원 사망자 수는 꾸준히 늘고 있다. 제1차 세계대전 사망자 1천만 명 중 1백만 명은 전투원이 아니었다. 5천만 명이 넘는 제2차 세계대전 사망자 중 절반, 그리고 콩고에서 (서구 언론에서는 거의 주목받지 못한 채) 수십 년간 벌어진 분쟁에서 숨진 수백만 명 중 90퍼센트 이상은 전투원이 아니었다. 제2차 세계대전 이후로 강대국들이 자기들끼리의 직접적인 무력 충돌을 피해 온 것은 사실이지만, 그들은 수많은 대리전쟁을 벌이며 경쟁을 계속했다. 동남아시아에서의 식민지와 신식민지 시기 분쟁, 한국전쟁, 중국의 티베트 침공, 영국이 말라야와 케냐에서 벌인 반란 진압 전쟁, 프랑스와 영국의 수에즈 운하 전쟁, 앙골라 내전, 소련의 헝가리와 체코와 아프간 침공, 베트남 전쟁, 이란-이라크 전쟁, 미국의 과테말라 토착민 인종 학살 개입, 1차 걸프 전쟁, 발칸과 코카서스 지역에의 은밀한 개입, 이라크 침공, 리비아에서의 공군력 사용, 시리아 반란군에 대한 군사원조, 우크라이나 인종 분열의 배경이 된 대리전쟁 등은 강대국들이 자기들끼리의 직접적인 충돌은 피하면서도 계속해서 개입해 전쟁을 벌여 온 사례들이다.

전쟁의 양상은 달라졌다 해도 덜 파괴적이 되지는 않았다. 예전의 전쟁은 잘 조직된 국가들 사이의 전쟁이어서 어느 시점에 당사자들이 평화 협상을 하는 것이 가능했다. 하지만 이제는 분열됐거나 붕괴된 국가의 비정규 무장 세력들이 여러 층위에서 충돌하는 것으로 전쟁의 양상이 바뀌었다. 이런 국가들에는 전쟁을 끝내기로 의사 결정을 내릴 수 있는 권한을 가진 세력이 없다. 끔찍하고 끝없어 보이는 시리아의 분쟁(기아와 도시 인프라 파괴를 체계적으로 활용하는 것과 분파적인 대량 학살이 지속적으로 일어나는 것을 볼 수 있다)은 이러한 비정통적 전쟁의 모습을 보여 준다. 앞으로는 이런 전쟁이 더 많아질 것이다.

또한 전투원 사망자 통계는 국가가 저지르는 테러로 희생되는 사람들을 감안하지 않는다. 새로이 드러나는 증거들에 따르면, "총살 홀로코스트"(나치가 점령한 국가들, 특히 구소련에서 제2차 세계대전 중에 유대인을 대대적으로 총살시킨 것)는 전에 생각되었던 것보다 훨씬 대규모로 자행된 것으로 보인다. 소련의 농업 집단화도 수백만 명의 죽음을 야기했다. 대부분은 기아로 숨졌고, 열악한 지역으로의 강제 이송과 굴락 수감, 그리고 저항적인 마을에 대한 준군사적 개입 등도 큰 요인이었다. 또 중국의 마오쩌둥 시기는 전쟁 시기가 아니었지만 국가의 탄압으로 사망한 내국민이 7천만 명에 달하는 것으로 추정된다. 이러한 죽음이 "전체적으로 폭력이 줄어들고 있다"는 주장에 어떻게 맞아들어 간다는 것인지는 분명치 않다.

통계 숫자를 추산하는 데는 복잡한 인과관계 판단의 문제가 얽히며, 이는 도덕적 판단과 떼어 놓을 수 없다. 치명적이긴 하지만 즉각적으로 죽음을 일으키지는 않는 요인들은 어떻게 감안할 것인가? 전쟁 중이나 전쟁 직후에 기아와 질병으로 죽는 사람은 어떻게 셀 것인가? 난민 생활의 고충으로 수명이 짧아지는 난민들의 삶은 어떻게 감안할 것인가? 고문 피해자들이 육체적, 정신적 피해를 겪다가 몇 년 뒤에 사망하면 통계에 포함되는가? 고엽제나 열화우라늄에 노출된 탓에 너무나 짧은 생을 살다 간 아기들은 통계에 포함되는가? 성폭력이 군사 전략의 일종으로 활용된 탓에 강간을 당한 여성들이 이른 나이에 사망하면 통계에 포함되는가?

통계는 정확한 것처럼 보이기 때문에 매우 설득력을 갖지만, 전쟁이 일으킨 인간 비용은 사실 셈이 불가능할 것이다. 그리고 폭력에 의한 죽음이라고 해서 다 똑같은 것도 아니다. 참호에서, 혹은 폭격으로 군인이 죽는 것은 물론 끔찍하지만, 체계적인 인종 말살로 죽는 것은 더 나쁘다. 그리고 최악이라 할 만한 경우들 중에도 차이가 있다. 가족과 사랑하는 이들에게 죽음이 알려지지도 못하는 채로 수용소에서 노역이나 구타나 동사로 사망하는 것은 전투에서 사망하는 경우보다 더 비극적일 수 있다. 그리고 체계적인 살해를 목적으로 세워진 트레블링카 유대인 수용소 같은 곳에서 죽음을 맞는 것은 이보다도 더 나쁘다. 이런 차이들을 무시한 채로 긴 평화의 시대를 환영하는 사람들이 제시하는 통계는, 무의미하다고까지는 말할 수 없더라도, 도덕적으로 미심쩍다.

통계 숫자가 우연에 크게 좌우되기 마련이라는 점도 숫자를 조심스럽게 봐야 하는 한 이유다.[19] 1918년 8월에 사회주의 혁명가 파냐 카플란Fanya Kaplan이 레닌 암살에 성공했으면 어땠을까? (카플란이 쏜 세 발의 총알 중 두 발이 레닌에게 맞았다). 그랬어도 러시아에서 폭력은 몇 년간 계속됐겠지만, 소비에트 국가는 유지되지 못했을 것이고 레닌이 만든 살인 기계가 스탈린에 의해 더 대대적인 규모로 사용되는 일도 없었을 것이다. 1940년 5월에 단호한 전쟁 지도자[처칠]가 예기치 않게 영국에서 정권을 잡지 못했더라면, 유럽은 (몇 세대까지는 아니라 해도) 몇 십 년 동안 나치의 점령을 받았을 것이고, 그만한 기간이면 나치는 인종 청소 계획을 더 철저하게 밀어붙일 수 있었을 것이다. 용기 있는 한 개인이 쿠바 미사일 위기를 막아 내지 못했더라면 (소련의 한 해병이 핵 어뢰를 발사하라는 상부의 명령을 따르지 않았다) 핵전쟁이 일어났을 것이고 어마어마한 사망자가 발생했을 것이다.[20]

만성적인 전쟁을 겪는 나라가 후진적이어서 그렇다고 보는 생각에는 마뜩치 않은 면이 있다. 제2차 세계대전 동안, 그리고 그 이후로 수십 년 동안 남아시아에서 벌어진 전쟁은 그곳에 있었던 고도로 발달된 문명들을 파괴했다. 이 파괴는 제국주의 열강의 작품이었다. 1994년 르완다 인종 학살의 원인 중 하나는 독일과 벨기에 식민주의자들이 펼친 분리 정책에 있다. 콩고 분쟁에 불을 지핀 것은 천연자원에 대한 서구의 수요였다. 선진국에서 폭력이 줄어들고 있다면, 이는 그들이 폭력을 다른 나라에 수출하고 있기 때문이다.

게다가 가장 고도로 발달한 선진국들에서 폭력이 감소하고 있다는 주장도 의심스럽다. 일반적인 기준으로 볼 때 미국은 가장 발달한 선진국이라고 볼 수 있을 것이다. 그런데 미국은 수감률이 가장 높은 나라이기도 하다. 무가베 통치 시기의 짐바브웨보다도 높다. 전 세계 수감자 중 4분의 1 정도가 미국 감옥에 있으며 상당수가 장기 복역 중이다. 루이지애나 주는 인구 대비 수감자 수가 어느 나라보다도 높은데, 가령 이란의 세 배나 된다. 이렇게 많은 미국의 수감자 중에서 전체 인구 비례에 비해 훨씬 높은 비중이 흑인이고, 상당수가 정신적으로 질환이 있다. 고령이거나 건강이 좋지 않은 수감자도 점점 많아지고 있다. 또 수감자들은 강간을 포함해 다른 수감자들로부터 폭행을 당할 위험도 지속적으로 겪는다. 몇 달, 몇 년을 독방에서 보내는 경우도 있는데, 독방에 감금하는 벌칙은 고문으로 분류되기도 할 정도로 심각한 인권침해다. 사실 고문은 (대대적인 수감과 함께) 세계 최고 선진국이라는 미국이 작동하는 데 필수 요소처럼 보인다. 많은 경우에 고문이 예전 방식의 전쟁을 대체한 특수 작전 중에 벌어지는 것은 우연이 아닐 것이다. (반테러 특수 작전은 이제 저격수를 통한 암살과 드론을 이용한 원격 공격까지로도 확장되고 있는데, 이는 달라지고 있는 전쟁 양상의 일부다.)

전투원 사망자는 줄어들었고 앞으로도 줄어들 것이다. 이는 평화의 여건이 진전된 것으로 보일 수도 있다. 하지만 폭력이 수행되는 강도와 다양성에 주목해 보면, "긴 평화의 시기"는 사실상 영속적인 전쟁 상태라고 볼 수도 있다.

물론 이런 논쟁은 사소한 것이다. 국가 테러와 대리전쟁, 대량 수감과 고문에 대한 이야기는 힘만 빠지게 만들고, 통계에 대한 문제 제기는 핵심을 놓치고 있다. 통계 숫자가 모호하고 많은 사상자를 누락시키는 것은 사실이다. 하지만 이러한 숫자가 사람들에게 갖는 가치가 바로 이 모호성에서 나온다. 점을 칠 때 쓰이는 아즈텍의 흑요석 거울처럼, 통계표의 행과 열과 그래프는 알지 못할 미래에 대해 흐릿한 이미지를 제공한다. 뚜렷하지 않다는 바로 그 점 덕분에, 이런 이미지는 인간 진보를 믿고자 전전긍긍하는 사람들에게 안도를 주는 비전이 된다.

아즈텍을 파괴한 스페인 사람들은 흑요석 거울을 약탈해 유럽에 가져왔다. 그 거울 중 하나를 엘리자베스시대 수학자이자 항해사이자 마술사인 존 디(John Dee, 1527~1608/9)가 "수정 유리"로 사용했다. 프랜시스 예이츠Frances Yates는 유명한 저서 『장미십자회의 계몽주의*The Rosicrucian Enlightenment*』(1972)에서 존 디를 "후기 르네상스 주술사의 대표적인 사례"로 들면서, 그가 "과학적 진보와 천사 신앙이 기묘하게 융합된 세계관을 이루기 위해 주술, 밀교, 연금술을 사용했다"고 표현했다.[21] 엘리자베스 여왕이 "나의 철학자"라고 부른 존 디는 궁정 참모이자 "정보원", 즉 첩자로 일했다. 존 디는 유럽 전역을 돌아다니면서 임무들을 수행하는 한편, 과학과 신비주의 철학도 꾸준히 연구했다.

존 디의 명성은 (믿거나 말거나지만) 그에게 주술적인 힘이 있다는 데서 나왔다. 존 디는 영매와 함께 일하면서, 자신이 천사가 가리키는 글자나 상징을 알아보고 해석할 수 있다고 주장했다. 한번은 천사장 미카엘이 나타나 신성과 지상의 권력 간의 관계에 대해 메시지를 전했다고 한다. 미카엘은 존 디에게 그가 보게 될 것을 기록하라고 명하고서 숫자와 글자가 담긴 정교한 표들을 만들어 냈다. 그 숫자와 글자들을 결합하면 신의 섭리에 기초한 미래의 질서를 보여 주는 계시가 될 터였다. 존 디가 표를 공책에 옮겨 적자 영매가 조용해졌다고 한다.

존 디의 전기에서 벤자민 울리Benjamin Woolley는 존 디가 과학 혁명이 인류를 세상의 중심이라는 위치에서 떼어 놓게 되리라는 점을 당대의 누구보다도 잘 깨닫고 있었다고 언급했다.

존 디는 세상이 지도 밖으로 흘러넘치고 우주가 자신의 껍질을 깨는 것을 두 눈으로 보았다. 디는 우주가 무한으로 퍼짐에 따라 그 자신을 포함한 모든 이의 위치가 축소되리라는 것을 깨달았다. 1천 년도 넘은 세월 만에 처음으로, 볼 수 있는 능력이 있는 사람들(여전히 매우 소수이기는 했지만)이 더 이상 우주가 우리의 세계를 중심으로 돌고 있지 않다는 것을 알게 됐고, 더 이상 우리의 세계가 인간을 중심으로 돌고 있지 않다는 것도 알게 됐다.[22]

존 디가 살던 시대에 주술이 수행한 역할은 묘하게도 현대적이다. 근대적인 천문학 지식이 떠오르자, 인간이 세계에서 지고의 위치를 차지한다는 점을 확증하기 위해 마술이 갖는 호소력이 더욱 커졌다. 후기 르네상스 시기 많은 사람들이 그랬듯이, 존 디도 인간 행위의 중요성을 다시금 확신시켜 줄 무언가가 필요했다. 이에 대해, 천사가 나타나 표와 문자와 그림으로 미래의 상을 그려 주면서 우주의 중심은 여전히 인간임을 그에게 확신시켜 주었다.

5백 년이 지난 오늘날에도 세상에서 인간이 중심임을 다시금 확신해야 하는 사람들이 많다. 아즈텍과 엘리자베스시대 사람들은 위험을 감지하기 위해 흑요석 거울을 들여다봤다. 그런데 오늘날 미래를 보려는 사람들은 불안을 벗어나 안심할 수 있기만을 바란다. 전쟁이 계속해서 일어나리라는 예견에 직면하지 못하는 이들은, 절박하게 역사에서 진보의 패턴을 찾으려 한다. 더 깊이 의지할 다른 신앙은 가지고 있지 않은 데다 회의와 의심을 스스로 견디기에는 너무나 약한, 이들 이성 신봉자들이 숫자의 주술에 의

지하려 하는 것은 당연하다. 마침 그들을 돕기 위해 준비된 사람들도 있다. 엘리자베스 시절에 주술사 존 디가 천사에게 받은 표를 해석했듯이, 현대의 과학적 주술사들은 우리 안의 숨은 천사들이 보여 주는 숫자들에서 미래의 징조를 읽어 낸다.

영적인 도움을 필요로 하는 사람들을 돕는 것은 존경할 만한 일이다. 누구도 이런 노력에 따르는 인간적인 열정과 지적인 독창성을 부인하지는 못할 것이다. 그리고 이런 노력들은 더 발전할 여지도 있다. 가령 이제 책은 (종이책이든 전자책이든 간에) 가장 많이 알고 있는 사람들이 필요로 하는 것을 제공할 수 없다. 새로이 창조된 의미를 실시간으로 입수하고 있다는 느낌을 주지 못하는 것이다. 이러한 현대의 필요는 새로운 발명만이 충족시킬 수 있다. 그와 동시에, 더 원시적인 기법에서도 영감을 얻을 수 있다.

티베트의 마니차는 회전하는 원통 안에 경문이 새겨져 있는 도구다. 일단 손으로 돌려 회전을 시키면, 그 다음에는 자동적으로 경전을 한 번 읽는 것과 같은 효과를 낸다. 사람들은 마니차가 복을 가져다주고 생과 사의 윤회에서 자신을 자유롭게 해 줄 것이라고 믿는다. 마니차가 속해 있는 믿음 체계는 고대의 매혹을 가지고 있다. 마니차의 경전은 서구 철학에서는 발견하기 어려운 변증법적 정교성을 지닌다. 그렇더라도, 현대인들은 이것이 비과학적이라고 말할 것이다. 그렇다면 현대판 마니차, 즉 인류 진보를 말하는 경건한 글귀를 담고서 알고리즘으로 돌아가는 전자 장치는 그보다 더 과학적인가?

옛 마니차와 달리 현대의 전자 장치는 첨단 과학 지식(폭력의 감소를 보여 주는 빅데이터 통계 등)을 기초로 한다. 이런 장치들은 인간 세계가 장기적으로 진보한다는 통계를 제깍제깍 산출해 낼 수 있어서, 언제고 이용할 수 있는 부적의 역할을 한다. 설사 퇴보한다 해도 인간 진보의 행진에서 일시적인 멈춤이라고 여겨진다. 무엇보다 좋은 점은, 이 장치가 상호작용적이라는 것이다. 이 장치는 의심과 회의의 분위기를 없애기 위해 일정한 시간 간격으로 건전한 숫자들을 내보내도록 프로그램될 수 있다. 이 부적을 지닌 사람들은 통계를 소리내어 말하고 지속적으로 되풀이하면서, 마음에 동요를 일으킬 만한 생각들을 몰아낸다.

의미란 이런 식으로 제조돼 사람들 마음에 프로그램될 수 있는 게 아니라고 반론을 펼 사람도 있을 것이다. 의미란 필멸성을 상기시키는 그림자, 상상할 수 없는 아름다움을 드러내는 갑작스런 풍경, 새로운 페이지를 엿보게 하는 짧은 장면과 같은 데서 스스로를 넌지시 내비치는 것이라고 말이다. 하지만 이런 반대 주장은 아무것도 설명해 주지 않는다. 진보를 향한 열망이 영원히 꺾일 수 없듯이, 지식의 진보도 멈출 수 없다. 전자적으로 산출된 최신의 표와 그래프는 계속해서 숫자로부터 의미들을 끌어낼 것이고, 과거의 흑요석 거울과 마니차를 구식이 되게 만들 것이다.

불필요해진 인간과 사이보그 경제

현대 로봇 공학의 개척자 노버트 위너Norbert Wiener와 존 폰 노이만John von Neumann은 원자폭탄을 만든 맨해튼 프로젝트에 참여했다. 위너는 인공두뇌학을, 노이만은 수학적인 게임 이론을 창시했는데, 이들은 자신이 발달시키고 있는 과학이 나치와 싸우는 것을 훨씬 넘어서는 가능성을 열게 되리라는 점을 알고 있었다. 1954년에 위너는 이러한 새로운 지식으로 인간이 갖게 될 힘에 대해 이렇게 언급했다.

[인간은] 최대의 적인 무질서에 맞서 게임을 벌이고 있다. 이것은 마니교적인 악마인가, 아우구스티누스적인 악마인가? 질서에 반대되는 적대적인 힘인가, 아니면 질서 자체가 부재한 것인가? 두 악마의 차이는 동원되는 전술의 차이에서 분명히 드러난다. 마니교적인 악마는 일종의 적으로, 여느 적과 다를 바 없이 행동한다. 승리를 위해 물불 안 가리고 나서며 온갖 교활한 전술을 동원한다. 특히 교란 정책을 상대로부터 숨기기 위해 애쓰는데, 전술이 우리에게 드러나기 시작한 듯한 징후가 보이면 우리를 다시 어둠 속에 두기 위해 전략을 바꾼다. 반면, 아우구스티누스적인 악마는 그 자체가 권력인 것이 아니라 우리의 취약함에 대한 척도다. 그래서 그것을 파악하려면 우리는 가진 자원을 총동원해야 한다. 하지만 그것을 알아내자마자

우리는 그것을 다시 몰아낸다…….[23]

위너에게 과학은 자연에 맞서 벌이는 게임이었다. 자연이 사악한 데미우르고스인 것인지, 아니면 단지 질서가 부재한 것인지는 답해지지 않았다. 후자의 경우라 해도 자연은 일종의 지능을 보여 준다. 그리고 기계도 일종의 지능을 보여 주리라는 가능성을 배제할 이유는 없다. 인간 종이라는 형태의 자연이 지능 있는 기계를 만들어 낼 수 있었다면, 이런 진화의 과정은 기계들 사이에서도 계속될 것이다.

1964년에 위너는 그러한 과정을 다음과 같이 상상했다.

인간은 자신의 형상대로 인간을 만든다. 이것은 신이 인간을 만든 창조 행위의 원형 또는 메아리 같다. (…) 기계의 형상은 어떤 것일까? 하나의 기계에 구현된 이 형상이, 아직 특정한 정체성을 갖지는 않은 채 '기계 일반'의 속성을 갖는 원형적 기계를 불러내서, 원래 기계와 완전히 다르거나 어느 정도 다른, 원래 기계의 '변종'으로 여길 만한 기계를 새로이 만들어 낼 수 있을까?[24]

인간과 기계 사이에 게임이 벌어질 수 있다면, 그 결과는 기계가 그 기계를 만든 인간이 도무지 이해할 수 없는 무언가가 돼 버리는 게 아닐까? 새 유형의 기계가 나오는 과정은 종교에서의 창조 행위처럼 신비로 가득한 것이 아닐까? 위너는 이 질문들에 "그렇다"고 생각했다. 노이만도 그랬다.

> 다음과 같은 경우와 크게 다르지 않을 것이다. 당신이 자동 기계를 만들어야 한다고 치자. 당신은 자동 기계를 설계할 것이다. 그런데 직접적으로 설계하는 것이 아니라 몇 가지 일반 원칙에 따라 설계하고 이 원칙들이 효과를 발할 수 있게 할 기계 하나를 설계한다. 그리고 그 궁극적인 자동 기계를 제조한다. 그것이 앞으로 무엇을 할지에 대해 당신 자신은 더 이상 알 수 없는 방식으로.[25]

말년에 노이만은 컴퓨터와 인간 정신과의 관계를 생각하는 데 골몰했다. 사후에 출간된 미완성 원고 『컴퓨터와 인간의 뇌The Computer and the Human Brain』(1958)는 컴퓨터와 인간 정신 사이의 유사성과 차이점을 탐색한다. 이 책 3판의 서문에서 레이 커즈와일Ray Kurzweildsm은 노이만이 "인간 뇌와 컴퓨터 사이의 본질적인 등가성을 설명하고 있다"고 평가했다. 커즈와일에 따르면, "궁극적으로 인공 지능은 (…) 인간이 미증강 상태에서 가지는 사고 역량을 능가하게 될 것"이다. 커즈와일은 이러한 전망을 두려워하지 않았다. "이런 노력의 목적은 우리[인간]를 대체하는 것이 아니라, 이미 인간-기계 문명인 우리 문명이 도달할 수 있는 범위를 확장하는 것이다."[26] 커즈와일이 인간의 목적이 승리하리라고 어떻게 그렇게 확신하는지 모르겠다.

로봇 공학의 개척자들은 커즈와일보다 조심스런 태도를 보였다. 위너와 노이만은 "생각하는 기계"가 그것을 만든 사람들이 통제도 이해도 할 수 없는 것이 될 상황을 예견했다. 위너와 노이만이 쓴 글을 통해 보건대, 그들은 기계가 목적도 방향성도 없는 자연선택 과정에 의해 발달해 갈 수 있다고 본 것 같다. 그러면 점차 인간은 자신이 만든 생각하는 기계에 의해 내몰리게 될 것이다. 인간 지식의 진보가 가져온 최종 결과는 인간이 불필요해지는 상황일 것이다.

커즈와일을 비롯한 과학적 미래주의자들은 지식의 증가를 인간 역량의 증강으로 보면서 찬양한다. 그들은 인간이 자연의 작동 과정을 통제함으로써 지구를 (심지어 우주까지) 정복할 수 있다고 본다. 그들은 누가 혹은 무엇이 그 정복의 주체가 될 것인지는 생각해 보지 않은 것 같다. 그들은 더 완전하게 자아의식적인 종을 꿈꾸면서 새로운 인류를 만들고자 한다. 그들이 소중히 여기는 자기 이미지, 즉 합리적인 존재라는 이미지를 반영하는 새 인류 말이다.

과학에 널리 퍼진 믿음을 뒷받침하는 상징들은 전쟁을 통해 실제 세계에 등장했다. 제2차 세계대전의 막바지에 생겨나고 뒤이은 냉전 시기에 발달한 로봇 기술과 인공지능 기술은 인간들 사이에서 벌어진 분쟁의 도구였다. 제2차 세계대전 중에 위너는 자동 총기 발사 프로젝트의 일환으로 컴퓨터 연구에 자금을 대야 한다고 제안하기도 했다. 전쟁과 컴퓨터로 조종되는 기계가 연결된 초창기 사례다. 또 나중에 노이만의 게임 이론은 소련이 핵무기를 보유했을 때 발생한 전략적 딜레마를 다루는 데 사용됐다.[27]

곧 과학은 "군사 영역이라는 인큐베이터"를 벗어나 세상에 나왔다. 필립 미로프스키Philip Mirowski의 표현으로, 그는 과학의 경제적 역할을 설명하면서 이 말을 사용했다. 전에는 엔지니어링과 물리학에서만 쓰이던 컴퓨터, 정보, 동적 시스템에 대한 이론들이 인간 세계에 적용됐고, 이 동일한 방법론, 즉 기계를 이해하는 데 사용되는 방법론으로 인간 사회도 이해할 수 있으리라는 믿음이 생겼다. 여기에서 한 걸음만 더 나가면 사회 자체가 일종의 기계라는 생각으로 이어질 수 있었다. 인간 행동을 수리적 모델로 설명할 수 있다는 생각에 오래도록 매혹됐던 경제학자들은 이 전망에 반해 버렸다.

미로프스키는 제2차 세계대전 이후 경제학에 인공두뇌적 사고가 어떻게 확산됐는지를 다음과 같이 설명했다. "그 시대 학문의 신조에 특유한 점이 있었다면, 그것은 논리적 엄정성과 수학적 용어가 각각의 모델이 갖는 의미, 중요성, 시사점에 대해 투명하게 합의를 이끌어 내게 되리라는 믿음이었다."[28] 인공두뇌학이 경제학에 제공한 것은 예측력과 통제력만이 아니었다. 비교적 신생 과학이었던 경제학에 예측력과 통제력도 물론 중요했겠지만, 더 중요한 것은 인간 행동을 비인간 언어로 이해할 수 있으리라는 가능성이었다. 경제를 기계처럼 모델화할 수 있다면 인간이 시장에 불러오는 가치와 의미는 덜 고려해도 될 터였다. 인간 행위자는, 그들이 깨닫든 못 깨닫든 간에, 그들보다 훨씬 더 합리적인 시스템에서 부차적인 존재였다. 경제는 인간의 판단이 필요 없어지는 컴퓨터가 되어 가고 있었다.

흥미롭게도 (물론 예측 불가능한 일은 아니었겠지만) 시장경제에 대한 이 전망에 중앙 계획경제의 추종자들이 매혹됐다. "가만히 생각해 보면, 공산주의자와 소프트웨어 엔지니어가 그리 다르지 않다. 나는 사회적 정의를 진척시키기 위해 정당에 참여했지만, 사실 나를 더 깊이 끌어당긴 매력은 프로세스, 시스템, 프로그램에 있었던 듯하다. 나는 늘 기계를 믿었던 것 같다."[29] 열렬한 자유 시장주의자들에게도 그랬듯이, 공산주의자들에게도 경제가 정교한 기계라는 생각은 저항하기 어려울 만큼 매력적이었다. 공산주의자들은 인간의 노동이 앞으로도 경제에 꼭 필요한 요소일 것이라고는 생각했다. 하지만 인간의 변덕스런 열정과 불합리한 열망이 경제 기계의 효율적인 작동에 방해가 된다고 생각했다.

그로부터 몇 십 년 뒤, 이제 경제 기계가 대규모의 인간 노동을 계속해서 필요로 할 것인지도 확실치 않아졌다. 인터넷이 몇몇 산업을 없애 버리고 몇몇 산업을 근본적으로 바꿔 냈다는 것은 잘 알려진 사실이다. 자금을 배분하는 은행업뿐 아니라 의료 진단이나 경영 기능들도 자동화됐다. 전문직이라고 불리는 많은 직업이 통째로 사라질 위기에 처한 것으로 보인다. 이러한 일자리를 없애고 있는 것은 단지 컴퓨터의 정보 처리 능력만이 아니다. 컴퓨터의 패턴 인식 능력까지 발달하면서, 이제 기계는 인간의 판단까지 대체하고 있다.

비숙련 노동이 자동화되는 한편, 인간의 접촉이 꼭 필요하다고 여겨졌던 영역들마저 더 이상 그렇지 않게 될 것이다. 로봇 간호사와 로봇 교사, 로봇 성 노동자, 로봇 군인이 공상 소설의 소재만은 아니게 될 것이다. 아직은 크게 현실화되지 않았지만 머지않아 그렇게 될 것이다. 무인 자동차와 사람의 음성과 상호작용할 수 있는 전화기는 빠르게 발달하고 있는 이런 경향의 선두 분야다. 숙련이나 교육이 필요해서 기계로 대체되지 않을 것처럼 보였던 직업들도 이제 더 이상 안전하지 않다.

기술 발전이 멈추거나 늦춰지리라고 기대할 만한 근거는 없다. 귀에 못이 박히도록 들었듯이, 기술 발전은 기하급수적이다. 컴퓨터가 곧 인간과 구별되지 않는 지적 행동을 보여서 튜링 테스트(제2차 세계대전 때 독일 암호를 해독하는 데 크게 공헌한 수학자 앨런 튜링의 이름을 딴 것이다)를 통과할 것이라고 보는 사람들도 있다.[30] 십 년 안에 컴퓨터가 사용자에게 농을 걸 수 있게 되리라는 커즈와일의 예측은 사실로 판명될지도 모른다.[31]

경제학자들은, 과거에도 기술혁신이 있었지만 노동력의 필요성을 영구히 줄이지는 않았다고 반론을 펼 수도 있을 것이다. 옛 직업은 사라졌지만 새 직업이 생겨났다고 말이다. 하지만 로봇 기술의 범위나 파급력은 그에 비할 바가 아니다. 과거의 기술 발전이 룸펜 프롤레타리아트 최하층계급을 만들어 냈다면 현재 몰려오는 기술 발전의 파도는 룸펜 부르주아를 만들고 있다. 평생에 걸쳐 가져갈 수 있는 직업 경력의 전망이 사라지고 연금과 저축도 줄어들면서, 이전의 중산층은 곧 위험하리만치 불안정한 생활을 겪게 될 것이다. 극소수의 사람들은 에드워드 시대*적 상류층의 특권을 다시 만들어 낼 수 있겠지만, 부르주아 삶의 대부분은 곧 봉건제만큼 먼 과거의 일로 느껴질 것이다.

오늘날 몰려오는 기술 진보의 파도는 인간 대다수를 생산 과정에서 불필요하게 만드는 경향을 내재한 것으로 보인다. 기술 열혈론자들이 그리는 더 먼 미래에는 인간이 더 완벽하게 필요없어질 것이다. 소수의 엘리트 집단마저도 인공 지능의 발달을 따라갈 수 없을 것이다. 장기적으로는, 남아 있는 인간들을 기계를 더 많이 닮도록 다시 만들어 내는 것이 유일하게 합리적인 선택지가 될 것이다. 기술적으로 증강된 종은 계속되는 진화의 과정에 들어올 것이다. 뒤로 떨려나게 될 나머지들에 대해 말하자면, '인간'이 도태

---

* 영국 에드워드 7세가 다스리던 1901년에서 1910년까지를 가리킨다. 제1차 세계대전이 일어나기 직전인 1914년까지를 가리키는 경우도 있다. 옮긴이

되는 것이 이 과정의 일부일 것이다.

아이언 마운틴과 달라지는 스펙터클

1967년에 예언적인 연구서 하나가 처음에는 익명으로 출간됐다. 이 연구서는 사회질서의 새 패러다임을 다음과 같이 묘사했다. "흔히 생각되는 것과 달리, 전쟁은 국가가 경제적 이해나 정치적 가치를 지키고 확대하는 것이 주 목적인 정책 수단이 아니다. 전쟁 자체가 모든 현대사회가 기반을 두고 있는 핵심 토대다."[32] 이 연구는 주류 사상이 말하지 않는 사실 하나를 드러냈다. 전쟁의 위협을 지속적으로 유지시키는 것이 현대 국가의 본질적인 특성 중 하나라는 것이다. "역사를 보면, 전쟁의 위협에 대해 신뢰를 잃었을 때 정권이 붕괴하는 사례를 숱하게 볼 수 있다. (…) 전쟁 가능성을 염두에 두고 사회를 조직하는 것이야말로 정치적 안정을 위한 주요 도구다."

전쟁의 위협을 필요로 하는 것은 정권만이 아니다. 사회구조 자체가 전쟁의 위협을 필요로 한다.

선진 민주주의 사회에서 전쟁 시스템은 또 하나의 정치경제적 기능을 해 왔다. 꼭 있어야 하는 사회적 계급들이 없어지지 않도록 강력한 방패 역할을 해 주는 것이다. 이 기능은 정치 지도자들에게 점점 중요성이 커지고 있다. 경제적 생산성이 최소한의 생계 수준을 넘어 계속해서 증가하면, 그 사회는 "나무 하고 물 긷는 계급"의 존재를 보장할 수 있는 분배 양식을 유지하기가 점점 더 어려워진다. 기계화가 더 진전되면 "고급" 노동자와 (리카도의 표현으로) "육체"노동자의 구별이 더 분명하게 그어질 것인데, 그와 동시에 육체노동자의 공급을 유지하는 것의 어려움이 악화될 것이다.[33]

1960년대에 이 연구가 언급한 정치적 권위와 사회적 안정성의 문제는 오늘날 더 절박하다. "고급" 노동자가 인구 중 아주 적은 비중밖에 되지 않고 대부분의 인구는 "육체" 노동자가 됐는데, 그와 동시에 그들의 노동이 더 이상 필요하지 않게 됐다. 이런 상황에서 어떻게 질서를 유지할 것인가? 인구 대다수가 생산적인 역할을 부여받지 못한 사회를 어떻게 유지할 것인가?

전쟁이 과거에 수행했던 사회적, 정치적 역할들을 상세히 설명하고 나서, 이 연구는 정책 결정자들에게 몇 가지 제안을 한다.

- 경제적 통제를 위해, 어느 시기에서든, 또 민간 생산과 소비의 양상이 어떠하든 간에, 최적 수준의 무기가 생산되어야 함.
- 주목할 만한 사회적 저항과 징집 정책 사이에 상관관계가 있어야 함.

– 여러 가지 정치적 상황에서 전쟁 위협의 신뢰도를 유지하기 위해 인구 중 어느 정도의 비중은 제거해야 함.

– 역사적 관계의 여러 가지 상황 하에서, 최적의 빈도로 "실전"이 벌어져야 함.[34]

「아이언 마운틴 보고서Report from Iron Mountain」라는 제목으로 발간된 이 연구는 백악관 및 미 국방부와 관련된 "특별 연구팀"이 작성한 것으로 돼 있었다. 이 보고서는 대대적으로 관심을 끌었다. 어떤 이들은 두려워했지만 훨씬 더 많은 이들이 흥미를 보였다. 국방부 핵심의 견해를 드러낸 것이라 여겨지면서, 이 보고서의 "현실주의적" 분석은 수십 년 뒤까지도 큰 반향을 일으켰다.

1980년대에는 한 극우 집단이 저작권료를 내지 않고 이 문서를 수천 부 배포했다. 저자가 고소를 하자, 그 집단은 이 보고서가 "정부 문서이므로" 저작권 문제가 없다고 주장했다. 1990년대 무렵이면 〈미시건 민병대Michigan Militia〉 등 미국의 극우 테러 조직이 이 보고서를 "일종의 성경"처럼 활용하고 있었다. 또 케네디 대통령 시절 특수전 사령부 사령관을 지낸 플레처 프라우티Fletcher Prouty 는 (그는 케네디 암살이 쿠데타 시도였다고 생각했고, 올리버 스톤Oliver Stone의 영화 〈JFK〉(1991)에서 '미스터 X' 역의 모델이 된 인물로 알려져 유명해졌다.) 이 보고서가 "틀림없는 진짜"라고 말했고, 2001년에 사망할 때까지 평생 이렇게 믿었다.

물론 보고서는 가짜였다. 1972년에 작가 레너드 C. 르윈Leonard C. Lewin이 『뉴욕타임스』에서 자신이 그 보고서를 작성했다고 밝혔다.[35] 싱크탱크와 정부 기관이 쓰는 용어들을 잘 흉내낸 이 글을 읽고서 많은 사람들이 "특별 연구팀"이라는 것이 정말 존재한다고 믿었다. 어떤 사람들은 보고서가 사실이라는 것을 전제로 행동에 나서기도 했다. 보르헤스의 단편 「틀뢴, 우크바르, 오르비스 테르티우스Tlon, Uqbar, Orbis Tertius」에서 가상의 행성을 상세히 설명한 백과사전이 나중에 현실과 혼용되듯이, 르윈의 가짜 보고서는 실제 세계의 일부가 됐다.

르윈은 그 보고서를 풍자로 작성했지만 그것은 예언으로 읽을 수도 있다. 물론 정부의 핵심에 정책 방향을 좌지우지하는 내부 도당이 있다는 설정은 현실과 매우 다르다. 오늘날의 정부는 분열과 갈등에 빠져 있고, 변덕스럽고 모호한 대중의 분위기에 좌우되며, 유행하는 개념들을 이것저것 따라 하기나 하는 처지라, 자신이 무엇을 하고 있는지에 대해 분명한 그림을 가지고 있지 못하다. 자신이 하는 행동이 일으킬 의도치 않은 결과에 대해서는 말할 것도 없다. "특별 연구팀" 같은 것은 존재하지 않았을 것이고, 존재했다 해도 현실에 영향력이 별로 없었을 것이다. 하지만 진화적인 역사의 과정 속에서, 보고서가 제시한 것과 비슷한 상황은 얼마든지 생겨날 수 있었다.

보고서가 나열한 전쟁의 기능 중 일부는 이제 더 이상 전쟁의 주된 기능이 아니다. 거의 모든 선진국에서 징집병으로 구성된 대규모 군대는 폐지됐고 드론이 널리 쓰이면 인간 군인의 필요성은 더 줄어들 것이다. 전쟁의 경제적 기능도 그때 이후로 많이 달라졌다. 정보 수집 및 감시와 관련된 영역이 확대되고는 있지만, 군산복합체는 예전만큼 중심에 있지 못하다. 1980년대에는 레이건 정부가 군사적 케인즈주의(방위 지출을 늘려 경기 부양을 꾀하는 것)를 시도했지만, 이제 방위 분야가 축소되어서 전쟁은 그런 경제적 효과를 가져오지 못한다.

　오늘날 선진국에서 전쟁의 기능은 다른 데 있다. 24시간 뉴스미디어는 만성적인 저강도 불안* 상태를 가져오며, 여기에 더해 사람들에게 안전함의 느낌을 줘서 순응시키는 효과를 낸다. 텔레비전, 노트북, 핸드폰의 화면을 통해 우리 삶에 속속들이 침투해 오는 테러 장면들은 세계가 만성적인 위험의 상태에 있다고 인식되게 만든다. 이런 장면들은 세계관을 형성하고, 그와 동시에 그 세계관 안에 사는 사람들을 안전의 영역에 가둔다. 선진국의 안정성은, 다른 어떤 요인보다도 미디어가 대중의 인식을 어떻게 구성하느냐에 달려 있다.

　「아이언 마운틴 보고서」가 나온 해에 기 드보르Guy Debord의 『스

---

* 핵무기 같은 전면전이 고강도, 재래식 무기에 의한 정규전이 중강도, 그 밖에 폭동, 테러, 게릴라전 등의 비정규전이 저강도 분쟁이다. 옮긴이

펙터클의 사회*Society of the Spectacle*』가 프랑스에서 출간됐다. 초현실주의, 마르크스주의, 무정부주의 등이 결합된 이 책은 학생운동이 유럽과 미국을 휩쓸었던 당시 시기를 반영한다. 드보르의 분석 중 상당 부분은 이미 잘 알려져 있거나 신빙성을 잃은 개념의 재탕이었다. 드보르가 제시하는 혁명에 대한 환상이나 그것을 뒷받침하기 위해 제시된 마르크스주의 체제 분석에는 그리 흥미로운 부분이 없다.

하지만 한 가지 중요한 면에서 드보르는 자신의 시대보다 앞서 있었다. 드보르는 선진 자본주의의 핵심이 사회적 관계를 매개하는 스펙터클의 창조라고 보았다. 스펙터클은 단지 이미지들을 만들어 내는 것을 넘어 대중에게 역할과 야망을 부여한다. 자본주의가 발달할수록 노동의 사회적 분업은 점점 느슨해진다. 어떤 직종에 있건 누구도 안정적인 직업으로 그것에 의존할 수 없으며, 노동이 자아실현의 수단이라는 개념도 현실성을 점점 잃고 있다. 이러한 상황에서, 대중에게 동기를 다시 부여해야 할 필요성이 생긴다. 자동화가 빠르게 진전되면 생산적인 과정에 인간 노동이 쓰여야 할 필요는 줄어들 것이다. 지속적인 소비의 필요가 경제의 핵심 문제가 될 것이다. 여기에서, 누구에게든 15분의 영예를 누릴 수 있게 해주는 "명사 문화"가 생겨나 모든 이가 평생 겪어야 할 지루함을 견디도록 해 준다. 드보르는 이렇게 언급했다.

바로 이런 상황에서 사회적 분업이 갑자기 축제적인 유쾌함을 보이며 우스꽝스럽게 끝을 맺게 된다. (…) 금융인은 가수가 될 수 있고, 변호사는 스파이가 될 수 있고, 제빵사는 문학적 취향을 드러낼 수 있고, 배우는 대통령이 될 수 있고, 요리사는 마치 그것이 보편 역사의 이정표라도 되는 양 조리 기법에 대해 철학을 설파할 수 있다. 누구라도 스펙터클에 참여할 수 있다. 어떤 직업에서 처음 전문성을 쌓았든 간에, 사람들은 그와 전적으로 다른 활동을 공공연히 받아들이고 또 몰래 수행하기 위해 스펙터클에 참여한다. "미디어상에서 보여지는 지위"가 그 사람이 실제로 수행할 역량이 있는 다른 어떤 일의 가치보다도 막대하게 큰 중요성을 갖게 되는 상황에서는, 이런 지위가 즉시 전이 가능해지는 것이 당연하다. 누구나, 또 어디에서나, 동일한 종류의 스타덤을 가질 동일한 권리를 갖는 것이다.[36]

드보르는 미디어가 창조한 가상 세계가 고도로 발달한 자본주의에서 필수불가결한 역할을 한다는 점을 짚어 냈다. 이는 현대사회의 지배적인 사실 중 하나다.

『스펙터클의 사회』가 처음 출간됐을 때, 드보르는 자신의 분석이 정치적인 효과를 낼 것이라고 생각했던 것 같다. 스펙터클이 작동하고 있다는 것을 드러내기만 하면, 그것이 어찌어찌 와해될 수 있으리라고 믿었던 듯하다. 하지만, 그렇게 믿었다면 지식이란 언제나 여러 가지 목적에 쓰인다는 사실을 간과한 것이다. 훗날 실비오 베를루스코니Silvio Verlusconi의 미디어 제국을 이끈 한 고위 임원은 미디어 경영 기법을 드보르의 글에서 많이 배워 왔다고 말했다. 드보르가 이를 보고 놀랐을지 어떨지는 알 수 없지만, 그의 사상이 아이러니한 전도를 보였다는 점이 드보르에게 큰 타격을 주었음은 분명하다.[37]

1968년의 학생운동이 전면적인 봉기로 발전하는 데 실패하자 드보르는 파리를 떠나 나머지 인생을 프랑스 시골에서 전쟁 게임을 하고 술을 마시면서 보냈다. 자신이 만든 모임 〈국제 상황주의자〉를 해체하고서(회원이 서른 명 정도 있었는데 드보르가 다 내쫓았다.) 반려자 알리스 베커 호Alice Becker-Ho와 은둔 생활을 했다.

드보르는 1994년에 자살했다. 얼마 지나지 않아 드보르의 친구 두 명이 자살했다. 둘 다 드보르의 출판업자이자 후원자로 십 년 전에 살해당한 사람과 지인이었다. 드보르는 자신이 1970년대 초부터 프랑스 비밀 요원에게 감시를 당해 왔다고 (아마도 약간 자랑을 겸해서) 언급한 바 있었다. 어두운 계략과 음모에 대한 루머가 많이 있었지만, 드보르의 자살 이유는 어쩌면 더 단순하고 평범한 이유였을 것이다. 자신이 개진한 개념이 기대만큼 영향력이 없다고 생각하게 된 데다 알코올 중독 증상도 겪고 있어서 삶을 지탱하기 어려웠을 것이다.

1994년 무렵이면 드보르는 스펙터클을 파괴하는 것이 불가능하다는 결론을 내린 상태였다. 1988년에 원래의 글에 스스로 덧

붙인 논평에서 드보르는 완전히 발전에 이른 사회는 다섯 가지의 특성을 가지며 이 특성들은 서로서로를 강화한다고 언급했다. 그 다섯 가지 특성은 다음과 같다. "새로운 기술의 끝없는 발전, 국가와 경제의 통합, 비밀성의 일반화, 답할 수 없는 거짓말, 영원한 현재."[38] 이런 요소들이 결합하면 혁명적인 변화의 가능성을 모조리 없애 버린다.

인간 사회의 어떤 제도도 드보르가 스펙터클의 특성으로 꼽은 것만큼 강력한 권력을 가진 것은 없을 것이다. 오늘날 스펙터클이 그만큼 강력하다 해도, 사람들이 그것에 이토록 순응적인 진짜 이유는 무엇일까? 드보르는 스펙터클이 만들어 내는 영원한 현재의 가림막을 사람들이 꿰뚫을 수만 있다면, 사람들이 스펙터클이 매개하는 왜곡된 삶을 원하지 않게 될 것이라고 믿었다. 그런데, 만약 사람들이 가상 세계 속에서 대리적 존재로 살아가는 것을 더 원한다면 어떻게 되겠는가?

마키아벨리와 [『손자병법』을 쓴] 손자를 추종한다고 자처한 드보르는 자신이 냉혹한 현실주의자라고 생각했다. 드보르는 자기가 권력을 잡았더라면 자신 역시 무자비하게 권력을 (특히, 친구였던 이들에게 가장 먼저) 휘둘렀을 것이라고 말했다. 하지만 드보르가 정말로 현실주의적으로 생각한 사람이었는지는 의심스럽다. 모든 혁명가가 그렇듯이, 드보르도 대중이 자신의 가치에 당연히 공감할 것이라고 생각했다. 자신이 되고자 원하는 것(그 또한 자신의 상상이지만)을 남들도 원하지 않을 것이라고는 생각하지 못했다.

2009년, 니콜라스 사르코지Nicolas Sarkozy 정부는 드보르의 아카이브를 국보로 지정했다. 프랑스 문화부는 예일 대학이 드보르의 아카이브를 확보하지 못하게 하려고 이것을 국보로 지정하면서, 드보르가 "프랑스 최후의 위대한 사상가 중 한 명"이라고 칭송했다.[39] 사후에 받은 이 명예를 드보르가 고마워했을지는 알 수 없지만, 그것이 스펙터클에 저항하는 것이 불가능함을 보여 주는 결정적인 증거라고는 생각했을 것이다.

"스펙터클" 자체는 추상적인 개념이며 실제로 존재하지 않는다. 드보르는 이론상의 범주에 전능함을 부여함으로써 자신이 어떤 현실감을 잃었음을 드러냈다. 그런데 드보르가 죽고 몇 십 년이 지나서, 그가 스펙터클의 기능이라고 언급한 것 중 일부를 실제로 행사하는 무언가가 나타난 것 같다. 1988년에 쓴 글에서 드보르는 선진 자본주의 사회에서 비밀성의 역할이 확장되고 있음을 짚어 냈다.

우리 사회는 비밀 위에 지어져 있다. "전위 단체"들이 돈을 대는 기업들이 가진 집중화된 부富 위로 뚫을 수 없는 스크린을 치는 것에서부터 "국가 기밀"이라며 국가가 어떤 법적 제약도 없이 대대적인 작전을 수행하게 허락하는 것까지, 또 광고가 숨기는 조잡한 제품들의 무서운 비밀부터 정말로 벌어질 일은 (그 존재가 외부적으로는 부인

되는) 핵심 세력만이 읽어 낼 수 있는 미래 전망 보고서까지……[40]

드보르는 비밀에 기반을 둔 사회가 떠오르리라고는 예견했지만, 신기술이 사생활을 없애 버리게 될 상황은 예견하지 못했다. 이제 우리가 행하는 거의 모든 일은 전자적 흔적을 남기며, 이런 기록은 무한히 수집, 저장될 수 있다. 서구 정부들이 대중을 감시할 권력을 가졌기 때문만은 아니다. 기업들도, 압제적 국가들도, 그리고 조직범죄의 글로벌 네트워크도 대중을 감시할 수 있다. 서구 국가들이 감시를 포기한다 해도 감시는 멈추지 않을 것이다. 다른 국가들과 다른 세력들이 계속해서 우리의 행동을 엿보고 엿들을 것이기 때문이다.

감시 국가의 부상은 세계화에서 떼 놓을 수 없는 측면이다. 과거의 분절적인 세계는 현재의 연결된 세계보다 훨씬 안정적이었다. 오늘날에는 어느 한 곳에서 벌어진 충격이 즉각 다른 곳으로 퍼질 수 있기 때문이다. 이제는 사라지고 없는 그 분절적인 세계는 사생활이 존재하기에 더 좋은 세계이기도 했다. 조밀하고 폐쇄적인 공동체에서는 "보는 눈"이 많아 일거수일투족이 노출된다. 현대의 개인주의는 이렇게 비공식적인 감시가 늘상 존재하는 공동체가 개인의 자율성을 억압한다고 비판한다. 하지만 자유의 가치를 높이 든 현대사회는 무질서를 무서워한다. 사람들의 이동성이 매우 높은 세계에서는 수많은 마을 공동체들로 이뤄졌던 옛 세계에서 가능했던 방식의 비공식적인 통제가 작동할 수 없기 때문에, 현대사회는 감시 기술로 눈을 돌렸다. 이웃의 "보는 눈" 대신 감시 카메라가 들어섰다. 게다가 이제는 인구 전체에 대한 정보가 웹에 올라온다. 도처에 편재한 감시 기술은, 개인의 자유를 요구하는 목소리가 높아지는 과정에서 응집성 있던 옛 공동체가 쇠퇴한 결과다.

약간의 사생활은 사치품으로서 존재하긴 할 것이다. 부자들은 삶의 일부를 암호화해서, 과거에는 모든 이가 별 노력을 들이지 않고도 가질 수 있었던 사생활을 어느 정도 가질 수 있을 것이다. 하지만 나머지 사람들은 개인주의의 대가로 사생활의 상실을 감수해야 할 것이다. 누구나 15분간의 명성을 얻을 수는 있을지 모르지만, 누구에게도 15분간의 익명성은 가질 수 없는 꿈이 되었다.[41]

도처에 편재한 팬옵티콘

감시 사회의 초기 버전 하나를 영국 공리주의 철학자 제레미 벤담(Jeremy Bentham, 1748~1832)이 고안한 감옥 모델에서 찾아볼 수 있다. 벤담은 자신이 매우 합리적이라고 믿었고, 독특한 성격을 가지고 있었으며, 신조어를 만드는 데 능했다. 벤담이 만든 수백 개의 신조어 중 international(국제적), bicameral(양원제), maximize(최대화하다), minimize(최소화하다) 등은 일상어로 자리

잡았고 cacotopia(디스토피아), uranoscopic physiurgics(천문학자) 등은 일상어가 되지 못했다.

벤담은 자신이 죽고 나면 시신을 어떻게 처리, 보존해야 하는지에 대해 상세한 유언을 남겼다. 이 유언은 자신이 생각한 "합리적인" 인간상이 무엇이었는지를 보여 준다. 벤담은 자신의 시신을 해부용으로 사용하고 그 이후에는 뼈를 재조립해 "오토 아이콘(자기 이미지)"을 만들어 달라고 했다. 생전에 자신이 입었던 옷을 입고 밀랍으로 만든 머리를 얹은 실물 크기의 벤담 미라가 지금까지도 〈유니버시티 칼리지 런던〉에 전시되어 있다.

벤담은 계몽 군주의 영도 하에서 합리적인 사회가 가장 잘 건설될 수 있다고 믿으면서 유럽의 여러 군주와 서신을 주고받았다. 그러던 중 벤담의 동생 사무엘 벤담Samuel Bentham이 직물 공장을 짓기 위해 러시아에 갔다. 사무엘은 감독관이 자기 모습은 드러내지 않는 채로 노동자들을 감시할 수 있는 원형 공장을 짓고자 했다. 제레미 벤담은 팬옵티콘(그리스어로 "모든 것을 본다"는 뜻으로, 벤담이 붙인 이름이다)을 짓도록 예카테리아 2세를 설득해 볼 심산으로 동생과 함께 러시아에 갔다.

벤담은 러시아에 머무는 동안 여러 통의 편지에서 팬옵티콘의 개요를 설명했다. 팬옵티콘은 죄수들을 항시 관찰할 수 있도록 원형으로 설계된 여러 층짜리 건물이다. 죄수들은 중앙탑을 볼 수 없어서 자신이 감시당하고 있는지 아닌지 모른다. 각자 독방에 간혀 있는 죄수들은 소통하거나 서로를 볼 수 없다. 감시탑의 창문에는 블라인드가 있어서 죄수들이 그림자를 보지 못하게 조정할 수 있다. 각 창문 밖에는 반사면과 함께 작은 등이 설치돼 감방 안을 비춘다.

감시당하고 있는지 아닌지를 알 수 없는 죄수들은 감시당한다는 것을 전제로 행동하게 된다. 어떤 위반 행위도 감시자의 눈에 띌 것이라는 전제 하에서 생활하게 되면서, 벤담이 표현했듯이, 감시의 눈길이 도처에 흩어져 있다는 느낌을 지속적으로 갖게 된다. 감시탑과 각 감방은 양철 튜브로 연결되어 있어서 감시자는 다른 죄수들은 듣지 못하는 상태로 각 죄수에게 의사전달을 할 수 있다. 그 밖에는 침묵이 강요된다. 죄수가 어떤 소리라도 내면 재갈을 물린다.

중앙홀은 파티션으로 나뉘어 있고 각 구획은 여닫이문이 아니라 지그재그 복도식으로 돼 있다. 팬옵티콘에는 밤이 없다. 모든 것은 감시자의 불빛에 노출돼 있다. 그러면서도 각 죄수는 다른 죄수들과 단절돼 있기 때문에, 죄수들은 전적으로 닫혀 있으면서도 또한 전적으로 시야에 열려 있는 상태로 살게 된다. 그리고 이곳에서 탈출할 수 있는 가능성은 전혀 없다.

벤담은 팬옵티콘이 외주 계약으로 운영돼야 한다고 주장했다. 소장이 팬옵티콘의 효율적 운영에 금전적인 인센티브를 갖게 해야 한다는 것이었다. 벤담은 팬옵티콘이 비용을 자체 조달할 수 있을 정도로 수익을 낼 수 있어야 한다고 보았으며, 그러려면 강제 노동이 필요하리라는 점을 분명히 밝혔다. 영원히 독방에서 빵과 물만 먹으며 살지 않으려면 죄수들은 노동을 해야 할 터였다. 또 외주 계약을 한 운영자가 죄수들의 후생을 무시할 가능성을 염두에 두고서 벤담은 죄수가 한 명 죽을 때마다 외주 운영자가 10파운드를 물어야 한다고 제안했다.

강박적으로 보일 만큼 상세하게 설계된 팬옵티콘은 인간 행위의 합리성에 대한 믿음을 보여 주는 좋은 사례다. 벤담은 팬옵티콘이 단지 이상적인 감옥을 넘어선다고 보았다. 팬옵티콘의 설계 원칙은 구빈원, 공장, 병원, 정신병원, 학교 등 모든 사회제도에 적용될 수 있었다. 사실상 팬옵티콘은 보편 감시에 기초해 사회 통제가 이뤄지고 있는 세계의 모델이었다.

벤담이 가졌던 커다란 야망과 설계에 들인 막대한 노력에도 불구하고, 벤담이 설계한 팬옵티콘이 실제로 지어지지는 않았다. 비용이 효율적이지 않았기 때문일 것이다. 민간 운영자가 볼 때, 도처에 편재하는 벤담식 감시 체제를 도입하는 것은 불필요한 비용이었다. 독방 감금이라는 벌칙을 두고 죄수들 사이의 폭력을 관리하는 것 정도만으로도 질서를 유지하는 데 충분했던 것이다.

하지만 팬옵티콘이 전체 인구를 가두는 장치로 구성될 수 있다면 이야기가 달라진다. 이는 이미 상당 정도 이뤄져 있다. 새로운 감시 기술들의 발달로 규모의 경제가 생겨서 비용 문제를 극복할 수 있게 됐다. 또 모든 이의 전자 통신에 접근할 수 있게 되었기 때문에 죄수들을 서로서로 분리할 필요가 없다. 그리고 바깥 세계가 존재하지 않으므로 탈출은 애당초 불가능하다. 기술의 발달은 벤담의 상상을 훨씬 넘어설 정도로 광범위하게 감시 시스템을 확장시켰다.

가상의 팬옵티콘에 인구 전체를 가두는 것은 자유에 대한 궁극적인 침해로 보일 수 있을 것이다. 하지만 보편화된 감금을 사람들이 꼭 박탈의 경험으로 받아들이는 것은 아니다. 이렇지 않은 다른 세계를 전혀 알지 못한다면, 사람들은 이 세계를 정상으로 받아들이게 될 것이다. 그리고 감시 기술이 지속적으로 오락도 제공한다면, 사람들은 오히려 다른 삶의 방식을 더 견디기 어렵다고 생각하게 될 것이다.

공포와 오락이 혼합된 미디어 이미지의 세계가 감시 시스템과 나란히 존재한다. 바깥세상보다 안전해 보이고 매개되지 않은 일상보다 자극적으로 보이는 가상 환경은, 감옥보다는 리얼리티 쇼와 더 닮았다. 리얼리티 쇼의 큰 특징은 죄수들이 아무런 할 일이 없다는 것이다. 영리하게 연출된 도전 과제들을 극복하고 다른 죄수들과 감정적으로 상호작용하는 것을 빼면, 이들은 완전히 게으르다. 이를 앞으로 대다수 사람들이 살게 될 조건을 암시하는 것으로 보아도 그리 과장이 아닐 것이다. 똑똑한 기계들이 발달해 경제생활에서 인간이 소비 말고는 할 게 없도록 만든다면, 리얼리티 쇼에서 보이는 것이 사람들의 일상을 살아가는 방식이 될 것이다.

이러한 보편 팬옵티콘에는 장점도 있다. 무엇보다, 이것이 막아 주는 재앙은 상상의 재앙이 아니다. 미디어가 보여 주는 재앙 장면들은 환상이 아니다. 지극히 잔인한 전쟁이 기세가 누그러지지 않은 채로 벌어지고 있다. 무작위적인 폭력이 언제나, 어디에서나, 일어날 수 있다. 또한 기술이 빠르게 발달해 사이버 공격이 쉬워지면서 현대의 모든 시설은 갑작스런 교란에 취약해졌다. 수감자들이 보편 팬옵티콘에서 탈출하고 싶어 하리라고 기대하는 것은 성급한 생각이다. 그들에게 최악의 두려움은, 팬옵티콘을 억지로 떠나도록 내몰리는 상황일 것이다.

인형 조종술, 음모론, 점괘판

시칠리아의 작가 레오나르도 시아시아Leonardo SciaScia는 이탈리아 총리 알도 모로Aldo Moro가 납치 살해된 사건에 대해 글을 쓰려고 관련 문서들을 정리하고 보니, 보르헤스의 단편 「피에르 메나드, 돈키호테의 저자Pierre Menard, Author of the Quixote」(1941)가 떠올랐다고 했다. 이 단편에서 프랑스 작가 피에르 메나드는 거의 알려지지 않은 작품 몇 편과 전혀 알려지지 않은 대작 한 편을 쓴다. 그 대작은 『돈키호테』와 완전히 동일한 버전이다. 메나드의 성취에서 놀라운 점은 이 책을 완전히 "동일하게" 다시 썼다는 점 때문이 아니라 메나드가 완전히 "다른" 책을 썼다는 사실에 있다. 이 책은 메나드 자신부터 시작해서 독자가 다르기 때문에 이전의 것과 다르다. 시아시아는 이렇게 언급했다.

> [모로 납치 살해 사건의 기록을 보고 나니] 모로 사건이 이미 일어난 적이 있었다는 느낌이 강하게 들었다. 그것이 이미 완성된 문학 작품이었으며, 이미 더할 수 없이 완벽한 형태로 존재했었다는 느낌이 든 것이다. 피에르 메나드가 했던 방식으로가 아니면 변경될 수 없는 완벽한 형태, 즉 아무것도 바꾸지 않으면서 모든 것을 바꾸는 방식이 아니면 변경될 수 없는 완벽한 형태로 말이다. (…) 어째서, 모로 사건이 이미 쓰여진 것, 손에 잡히지 않는 문학적 완결성의 영역에 존재하는 것, 그리고 충실하게 다시 쓰여질 수 있을 뿐이며 그러는 동안 아무것도 바뀌지 않으면서 완전히 바뀌는 것으로 여겨졌을까?[42]

"모로 사건"으로 명명된 사건의 공식적인 사실관계는 다음과 같이 요약할 수 있다. 1978년 3월 16일 아침, 모로가 차를 타고 의회로 들어가는 길에 〈붉은여단〉을 자처한 자들이 경호원 다섯 명을 모두 죽이고 모로를 납치했다. 모로는 억류된 동안 "인민 법정"에서 재판을 받았고 네오파시스트의 행위로 여겨졌던 폭탄 테러에 이탈리아 정보 당국이 관여했다고 밝혔다. 55일 뒤, 모로는 로마

중앙에 세워진 어느 자동차 뒷좌석에서 총알이 난사된 시신으로 발견됐다. 모로는 총리를 다섯 번이나 지냈으며 기독교민주당이 이탈리아 공산당과 "역사적인 타협"을 이루도록 한 주역이었다. 냉전 시기에 발생한 모로 사건은 초강대국들이 음지에서 벌이는 싸움과 관련이 있다고 여겨졌고, 처음부터 온갖 음모론이 횡행했다.

탐사 저널리스트 필립 윌런Philip Willan은 저서 『꼭두각시 조종자: 이탈리아에서의 테러의 정치적 사용Puppetmasters: The Political Use of Terrorism in Italy』에서 익명의 정보 요원이 신문 『라 레퍼블리카』와의 인터뷰에서 언급한 말을 인용했다. 모로 납치 이틀 뒤에 있었던 이 인터뷰에서 그는 모로 납치 작전이 "예술적이라 할 만큼 완벽했다"고 표현했다. 그 정보 요원은 이 사건이 "장기간 특공 훈련을 받은 사람들"에 의해 수행됐으며 이 일을 지휘한 조직은 "순수하게 이념적 동기로 움직이는 사람들과 그 밖에 다른 목적으로 다른 사람들의 지시를 받으며 일하는 사람들이 역설적으로 같은 공간에 있었던" 극도로 뛰어난 조직이었다며, 〈붉은여단〉이 단독으로 자행한 일이 아니라고 언급했다. 국가기관들(어느 곳의 국가기관들인지는 설명되지 않았지만)이 은밀히 관여하고 있었음을 암시한 것이었다.[43]

모로 살해를 두고 숱한 이야기들이 쏟아졌다. 어떤 이는 모로 사건이 제2차 세계대전 이후 연합국들이 이탈리아에 공산주의 쿠데타가 발생할 가능성에 대비하기 위해 만든 지하 조직 〈오퍼레이션 글라디오〉와 관련됐을 것이라고 보았다. 어떤 이는 모로가 마피아와 바티칸이 관여된 금융 스캔들에 대한 정보를 가지고 있었다는 데 주목했다. 이런 설명들은 모로 사건이 이탈리아에 "유사 정부", 민주적 제도와 상관없이 작동하며 민주적 제도를 간과하거나 잠식하며 활동하는 제2의 정부가 있음을 확증하는 것이라고 보고 있다. 모로 사건을 언급한 사람 거의 모두가, 이 사건이 본인 소행이라고 자처하는 그 집단 하나하고만 관련됐을 리는 없다고 생각했다.

이 사건을 두고 쏟아진 이야기 중에는 어처구니없어 보이는 일화들도 있다. 그중 하나에는 로마노 프로디Romano Prodi가 등장한다. 프로디는 우왕좌왕하고 수더분해 보이는 학자로, 이탈리아 공기업인 〈산업재건공사Instiute for Industrial Reconstruction, IRI〉 최고경영자를 지냈고, 1996년에는 이탈리아 총리가 되며, 그 다음에는 유럽연합 집행위원회 위원장도 맡았던 사람이다.

1978년 4월의 어느 비 오는 일요일(모로가 억류 중이던 때였다), 프로디는 볼로냐 대학의 동료 교수들과 그중 한 명의 시골집을 방문했다. 별로 할 일이 없어서 프로디와 동료 교수 7명은 심심풀이로 교령회*를 하며 오후 시간을 보내기로 했다. 이들은 점괘 판을 꺼내 놓고 둘러앉아 사망한 기독교민주당 정치인의 영혼을 불러내

---

* 신비주의자들이 죽은 사람을 불러내는 집회를 말한다. 옮긴이

모로가 어디에 억류돼 있는지 물어봤다. 영혼이 답했다. 점괘 판에 나온 단어는 "그라돌리"였다. 몇 년 뒤 프로디가 모로 사망 사건 진상조사위원회에서 밝힌 바에 따르면, 그들 중 아무도 "그라돌리"라는 지명을 들어 본 적이 없었지만 지도에서 이런 이름을 가진 마을을 하나 찾아냈고 이 정보를 경찰에 알렸다고 한다. 경찰은 그 마을을 샅샅이 뒤졌지만 아무것도 발견하지 못했다. 나중에 밝혀진 바로, 모로는 로마 교외의 어느 아파트에 억류돼 있었는데, 그 거리 이름이 "비아 그라돌리"였다. 모로는 이 아파트에 잡혀 있다가 여기에서 총에 맞아 살해됐고 시신이 되어 차에 실린 채 로마 중앙으로 옮겨진 것이었다.

물론 교령회 이야기는 거의 신빙성이 없다. 많은 이들이 프로디가 모로의 행방에 대해 제보를 받고 나서 정보 제공자의 신원을 보호하기 위해 교령회 이야기를 꾸며냈을 것이라고 본다. 프로디가 모로가 있는 곳을 드러내고 싶어 하지 않았으리라고 보는 사람들도 있다. 어떤 이는 교령회 이야기가 그저 농담이라고 본다.

논평가 지안프랑코 상귀네티Gianfranco Sanguinetti는 모로 사건에서 테러에 대한 일반 이론을 하나 끌어냈다. 상귀네티는 드보르가 만들었던 〈국제 상황주의자〉 회원이었고 여기에서 가장 나중에 쫓겨난 사람이다. 상귀네티는 테러가 국가들이 정당성을 잃고 있을 때 자국민을 대상으로 행사하는 전략이라고 봤다. "스펙터클"(진짜 사회적 조건들을 가리면서 미디어에 의해 제조되는 이미지들의 시스템)의 핵심에는 국가가 연출하는 테러가 있다.

괴물 같은 테러리스트에 맞서는 신성한 방위라는 스펙터클을 엄숙하게 연출하면서 [국가는] 이 신성한 임무의 이름으로 국민의 자유를 아주 작은 부분까지 다 뽑아낼 수 있다. 그렇게 되면 전체 국민에 대한 경찰의 통제력을 더 강화할 수 있다. (…) 테러리즘과 "위기상황", 즉 영구적인 위기와 긴급 상태만이 유일한 문제, 혹은 최우선순위로 고려될 수 있는 유일한 문제가 된다. 다른 문제들은 "질서 유지"라는 문제의 무게에 눌려서 존재하지 않거나 잊힌 것이 됐다. 어느 경우든, 다른 문제들은 침묵되고 거리가 두어지며 사회의 무의식속으로 억압된다.“

상귀네티는 "공격적인" 테러와 "방어적인" 테러를 구분한다. 전자는 국가에 맞서서 이뤄지는 것이고 후자는 국가가 통제하는 것이다. 또 "직접적인" 테러 작전(네오파시스트가 일반 국민을 상대로 한 테러 등)과 "간접적인" 작전(《붉은여단》의 테러처럼 공포 분위기를 조성해 국가의 힘을 강화하는 것)을 구분했다. 상귀네티는 이 모든 유형의 테러가 국가가 자국민을 대상으로 은밀하게 지휘하는 것이라고 보았다.

상귀네티의 책은 1979년 4월에 이탈리아에서 처음 출간됐다. 상귀네티는 1975년에 "전복적인 음모론"을 편 혐의로 수감된 적이 있었는데, 기소 내용 중에 〈붉은여단〉에 영감을 준 조직에서 활동했다는 것이 있었다. 기이하고 아이러니한 기소라 할 만했다. 〈국제 상황주의자〉는 1972년에 해체됐고, 이들의 사상은 오래 영향을 미치긴 했지만 미디어와 패션 영역에서만 영향력이 있었다. 스펙터클의 세계에서만 영향력이 있었던 것이다. 자본주의가 이보다 더 재빠르게 결합한 사상도 찾기 어려울 것이다.

책에서 상귀네티는 테러리즘이 국가가 자국민을 상태로 벌이는 전략이라고 주장했지만 그가 늘 이렇게 생각했던 것은 아니다. 1978년에 드보르에게 보낸 편지에서 상귀네티는 모로 살해가 공식적인 발표처럼 정말로 혁명 집단 하나의 소행일지도 모른다고 언급했다. 상귀네티는 이 집단이 전술은 잘못됐지만 사회를 보는 관점은 정확했다고 본 것 같다. 반면 드보르는 〈붉은여단〉과 우익 테러리스트 모두 국가의 지휘를 받았다고 줄곧 믿었다.[45]

이탈리아 국가가 좌우익 테러리즘에 손을 담그고 있다고 본 데서는 드보르가 옳았을지 모른다. 권력은 공개된 제도들만을 통해 존재하는 것이 아니다. 이 시기에 많은 일들이 은밀히 활동하는 기관들에 의해 진행됐다. 하지만 그런 일들이 잘 지휘되고 일사분란하게 조직됐다는 말은 아니다. 누구도 그런 범죄들을 "지휘"하거나 그것이 어떻게 전개되어 갈지를 완전히 파악할 수는 없었다. 범죄를 일으킨 장본인들로서도 사건의 양상을 해독하는 것은 불가능했다.

은밀한 도당이 사건의 경로를 지휘한다는 생각은 인간 종 중심주의의 일종이다. 역사의 엔트로피 속에서 주체를 찾아내려는 시도인 것이다. 무대 뒤에 줄을 당기고 있는 누군가가 있다면 인간사는 의미 없이 발생한 것이 아니리라고 믿는 것이다. 이런 믿음을 가진 사람들은 인간이 고칠 수 없는 딜레마에 반복적으로 빠지는 존재가 아니라고 생각한다. 객관적으로 관찰한다면 그렇지 않다는 것을 알 수 있을 텐데도 말이다. 그들에게 인간은 주술적인 힘에 의해 움직이는 꼭두각시다. 『시온 장로 의정서Protocols of the Elders of Zion』*가 밑바탕에 깔고 있는 메시지가 바로 이것이었다. 『시온 장로 의정서』는 악명 높은 반反유대주의적 날조 문서로, 19세기 말 차르 정보국 해외 사무소의 한 담당자가 쓴 것으로 보인다. 이 글에 드러난 세계관은 완전히 망상적인데, 바로 그 때문에 이 문서는 매우 영향력이 컸다. 노먼 콘Norman Cohn은 이렇게 언급했다. "이 문서에 관하여 정말로 중요한 것은, 그것이 20세기 역사에 믿을 수 없게도, 하지만 부인할 수 없게도, 막대한 영향력을 발휘했다는 점이다."[46]

역사를 음모론으로 해석하는 것 또한 인간의 합리성에 대한 찬양이다. 몇몇 특정한 사람들이 인간사를 통제할 수 있다고, 아니 더 중요하게는, 그런 일들이 왜 일어나는지를 파악할 수 있다고 믿

---

* "전 세계를 정복하려는 유대인의 계획"이 담긴 문서이나, 가짜 문서이다. 옮긴

는 것이다. 하지만 음모론은 음모론자들 자신이 직면하는 것과 동일한 문제에 직면한다. 누구도 인간사가 왜 그렇게 발생하는지 알 수 없다는 문제 말이다. 역사에 음모는 숱하게 있어 왔지만 그중 어떤 것도 목적 없이 부유하는 세상사의 과정에서 벗어날 수 없었다.

가장 독창적이라 할 만한 음모론이 20세기에 한 회의주의의 대가에게서 제시됐다. 『두 번째 오스월드*The Second Owsald*』에서 저명한 철학자 리처드 H. 포프킨Richard H. Popkin은 존 케네디 암살 사건 진상 조사를 맡은 〈워런 위원회〉의 공식 설명이 누락된 부분과 불일치하는 부분이 너무 많아 신빙성이 없다고 지적했다. 〈워런 위원회〉의 공식 결론에 따르면, 1963년 11월에 벌어진 케네디 암살은 암살자 한 명이 벌인 단독 범행이었다. 〈워런 위원회〉의 허술한 설명 대신, 포프킨은 다른 가설을 제시했다. 포프킨은 용의자 리 하비 오스월드Lee Harvey Oswald와 매우 닮은 두 번째 오스월드가 있었다는 설을 제기했다. 그가 리 하비인 척 꾸미고서 암살이 벌어지는 동안 주의를 분산시켰다는 것이다. 그러니까, 포프킨에 따르면 케네디 암살은 한 명의 범행이 아니라 두 명의 범행이었다.

포프킨은 암살의 목적에 대해서는 분명히 언급하지 않았다. 『두 번째 오스월드』 1988년판(첫 출간은 1966년이었다) 후기에서, 포프킨은 "증거가 존재하고 현재까지는 반증이 어려운 여덟 가지 가능성"을 제시했다. 1) 암살의 진짜 표적은 다른 사람이었고 케네디는 옆에 있다가 운 나쁘게 총에 맞은 것이다. 2) 암살은 카스트로에 반대하는 쿠바인들이 계획했으며, 그들의 목적은 미국이 쿠바를 침공하게 해서 1961년 피그만 사건 때 달성하지 못했던 목표를 달성하려는 것이었다. 3) 암살은 마피아의 소행이었다. 케네디와 그의 동생인 로버트 케네디 법무장관이 마피아를 소탕하겠다고 했기 때문이다. 4) 암살은 오스월드의 러시아 쪽 끈과 관련이 있었다. 체포된 후에 오스월드가 보인 침착한 태도를 보건대, 그가 소련이나 미국, 혹은 두 나라 모두의 정보기관에서 요원으로 활동했으리라 짐작할 수 있다. 5) 암살은 소련 요원들의 소행이었다. 6) 암살은 그것을 소련의 소행으로 몰기 위해 저질러진 계략이었다. 7) 암살은 피델 카스트로가 뒤를 댔다. 미국이 자신을 암살하려 한 것에 대한 보복이었다. 8) 암살은 CIA 내부 분파 간 갈등으로 발생했다.[47]

이것 말고 다른 가능성도 충분히 있을 수 있고, 몇 가지 요인이 복합적으로 작용했을 수도 있다. 어쨌든, 포프킨은 원칙상으로는 암살이 누구의 소행인지 밝힐 수 있다고 생각했다. "이것들은 가능성 있는 몇 가지 시나리오다. 모두 어느 정도의 증거로 뒷받침되며 현재로서는 반박이 불가능하다. 이런 조건을 만족하는 시나리오가 더 있을 것이다. 추가적인 자백이 이뤄지거나, 비밀 서류가 공개되거나 누군가 비밀리에 남겨 놓은 기록이 나타나는 등으로 더 많은 증거가 발견되지 않으면, 지금으로서는 이 이상 알 수 없다."[48]

〈워런 위원회〉의 설명이 허술하다는 그의 판단은 분명히 옳았다. 하지만 〈워런 위원회〉가 무엇을 누락했거나 숨겼든 간에, 위원회의 보고서가 만족스럽지 못한 이유는 암살의 진짜 주범을 짚어 내지 못해서가 아니다.

포프킨은 회의주의의 대가였지만, 그래도 인간사에 의미가 없을 수는 없다고 믿은 것 같다. 누군가가 무대 뒤에서 사건을 통제하고 있을 것이라고 생각한 것이다. 하지만 그렇지 않을 가능성도 있다. 물론 인간은 행동을 한다. 하지만 자신이 왜 그렇게 행동하는지는 알지 못한다. 인간이 파악하고 기록할 수 있는 사실들이 띄엄띄엄 있긴 하지만, 이것들을 넘어서면 이야기들은 왜곡되고 조작된다. 인간은 꼭두각시처럼 행동하고 있을지는 모르지만 아무도 줄을 당기고 있지는 않다. 자, 누군가 방아쇠를 당겨서 케네디를 죽였다. 이 사실을 안다고 해서 그들이 누구를 위해 행동했고 왜 케네디가 죽었는지를 우리가 파악할 수 있다는 뜻은 아니다. 암살이 벌어졌을 무렵이면 이미 수많은 행위자가 관여돼 있었을 것이다. 그들이 어떤 계획을 세웠든 간에 모두 오래전에 사건들의 혼란 속에서 사라졌을 것이다. 그들이 한 일이 왜 그렇게 되어 갔느냐고 묻는다면 음모를 꾸민 당사자들 자신도(그런 사람들이 존재한다면 말이지만) 모르기는 다른 사람과 마찬가지일 것이다.

시칠리아에 만연했던 복잡한 속임수들을 잘 알고 있었던 레오나르도 시아시아는 모로 사건 기록을 보면서 이미 각본이 다 짜여지고 무대에 올려진 적이 있는 일을 보고 있다는 느낌을 받지 않을 수 없었다. 메나드의 『돈키호테』를 읽는 독자처럼, 시아시아도 그것을 깨닫고 충격을 받았다. 하지만 기록된 사건들이 무대에 올려졌다 해도 비밀스런 저자에 의해서는 아니었다. 그것의 저자는 독자였다. 사건을 보고 거기에서 이야기를 발견해 내는 독자 말이다.

우리는 우리가 자신이 하는 행위의 동기와 의도를 알 수 있다고 믿는다. 하지만 사실 우리는 무엇이 우리 삶의 방식을 추동하는지 분명하게 통찰하지 못한다. 우리가 스스로에게 이야기하는 내용은 점괘 판에 나타나는 메시지와 같다. 우리가 우리 운명의 주인이라고 말한다면, 사실 이는 나중에 되돌아 생각할 때만 그렇게 보이는 것일 뿐이다.

기계가 멈출 때

"평생 침묵을 몰랐던 그녀는 침묵이 오자 죽을 것 같았다. 실제로 침묵은 수천 명을 갑자기 죽게 만들었다. 태어나면서부터 그녀는 안정적인 허밍 소리에 둘러싸여 살았다. 폐가 인조 공기를 자연스럽게 느끼고 그것 없이는 살 수 없듯이 귀는 허밍 소리를 자연스럽게 느끼고 그것 없이는 살 수 없었다. 끔찍한 두통이 왔다. 자신이 무엇을 하는지 알지 못한 채로, 그녀는 더듬더듬 앞으로 가서 익숙하지 않은 버튼을 눌렀다. 방문을 여는 버튼이었다."[49]

그녀의 이름은 바슈티이고 E. M. 포스터E. M. Forster의 소설 「기계가 멈추다The Machine Stops」의 주인공이다. 바슈티는 다른 사람들처럼 평생을 지하 세계의 방에서 살아왔다. 이 방은 바슈티가 필요로 하는 모든 것을 제공하고, 바슈티는 자연 세계에 아무런 관심이 없다.

그 방에는 곳곳에 버튼과 스위치들이 있다. 음식을 불러 오는 버튼, 음악을 불러 오는 버튼, 옷을 불러 오는 버튼 등등. 뜨거운 목욕 버튼을 누르면 (모조) 대리석 욕조가 바닥에서 올라오고 욕조 끝까지 탈취된 더운 물이 채워진다. 찬 목욕 버튼도 있다. 문학 작품을 내놓는 버튼도 있다. 물론 친구들과 소통할 수 있는 버튼도 있다. 이 방은 아무것도 담고 있지 않지만 그녀는 원하는 모든 것에 접할 수 있다.

인간의 삶은 더 이상 지구의 리듬에 따라 구성되지 않는다. "밤과 낮, 바람과 폭풍, 조수 간만과 지진은 더 이상 인간을 방해하지 않는다. 인간은 리바이어던을 만들어 냈다. 옛 문학에 나오는 자연에 대한 찬미와 두려움은 모두 아이의 딸랑이 소리처럼 거짓으로 들렸다." 하지만 이런 세상에서도 인간관계는 여전히 마음을 동요시킬 수 있는 요인이고, 바슈티의 경우에는 아들 쿠노를 걱정하고 있다. 이곳에서 사람들은 "기계님"이 제공한 화면을 통해 소통할 수 있고 쿠노와 바슈티도 그렇게 대화한다. 얼마 전 쿠노는 지표면으로 올라가서 별을 직접 보고 싶다는 이상한 소망을 바슈티에게 이야기했다. 바슈티는 구시대의 유물인 비행선을 타고 아들을 만나러 간다.

바슈티는 비행선 창문으로 들어오는 빛이 거슬린다. "비행선이 만들어졌을 때는 사물을 직접 보고자 하는 열망이 여전히 세상에 있었다. 그래서 많은 자연 채광과 창문이 있었고, 문명화되고 교양 있는 사람들은 그만큼의 불편함을 갖게 됐다. 바슈티의 객실에도 블라인드 틈새로 별빛이 새어 들어왔다. 한두 시간을 불편하게 자고 나서 바슈티는 익숙하지 않은 강한 빛을 느꼈다. 새벽이었다." 빛을 피해 몸의 방향을 바꾸자 승무원이 바슈티가 진정하도록 도우려 한다. 그러자 바슈티는 화가 나서 소리친다. "사람은 서로를 절대 만지지 않아요. 그런 관습은 이미 오래전에 '기계님' 덕분에 사라졌다고요." 승무원은 바슈티가 굴러 떨어지지 않게 해 준 것에 대해 사죄한다.

바슈티는 쿠노를 만났지만 둘은 서로를 이해하지 못한다. 쿠노는 지표면으로 갈 수 있는 외출 허가를 받을 수 없었기 때문에 알아서 방법을 찾았다고 말한다. 바슈티는 쿠노가 규정을 위반한 것을 두려워한다. 하지만 쿠노는 바슈티가 "기계님"을 숭배하면서 자신이 알아서 하려는 것을 비종교적이라고 여긴다고 비난한다. 바슈티는 화를 낸다. "나는 아무것도 숭배하지 않아! (…) 네가 비종교적이라고 생각하지도 않고! 종교라는 것 자체가 남아 있지 않으니까. 한때 있었던 두려움과 미신은 '기계님'에 의해 모두 파괴되었지 않니." 바슈티는 아들이 걱정스럽다. 계속 저항하면 궁극의 처벌, 즉 "기계님"으로부터 추방당하게 될지 모르기 때문이다.

쿠노와 헤어진 바슈티는 아무 일도 일어나지 않는 자신의 방으로 들어온다. 그런데 "기계님"이 오작동을 일으키기 시작한다. 처음에는 변화가 그리 뚜렷하지 않았다. "기계님"을 관리하는 중앙위원회는 몇 가지 기능 장애 징후를 보고했고 몇 가지 조정이 이뤄졌다. 누구도 "기계님"의 힘을 의심하지 않았다. "기계님"을 "신"으로 여기는 종교가 새로 세워져 있었던 것이다. 모두가 "어떤 저항할 수 없는 압력"에 항복했다. "[그 압력은] 어디에서 오는지 누구도 몰랐으며, 충족되고 나면 그만큼이나 저항할 수 없는 새로운 압력에 의해 계승되었다. 여기에 진보라는 이름을 주는 것은 편리한 일이었다."

시간이 더 지나고 "기계님"의 작동은 마구잡이가 된다. 하지만 사람들은 "기계님"의 변덕에 적응한다. 바슈티의 아들은 화면으로

엄마에게 "기계님이 멈춘다"고 말한다. 바슈티는 무슨 말인지 이해하지 못한다. 상상도 할 수 없는 것이다. 하지만 기계의 결함은 점점 심각해진다. 공기가 어두워지고 나쁜 냄새가 난다. 공포와 혼란이 퍼지기 시작한다. 사람들은 "기계님"의 전능함을 기록한 책에 기도를 한다. 새로운 "신경 센터"가 진화하고 있고, 이것이 "기계님"의 일을 더 효율적으로 하게 될 것이라고 그들은 믿는다. "하지만 어느 날 갑자기 전체 커뮤니케이션 시스템이 무너진다. 그리고 그들이 아는 세계는 끝난다."

결국 바슈티는 자신의 방을 떠난다. 바슈티는 동료 거주자들이 공포와 절망에 차서 지하 도시에서 기어 나오는 것을 본다. "사람들은 기어 나와 비명을 지르고, 훌쩍이고, 숨을 쉬려고 컥컥대고, 서로를 만지고, 어둠 속으로 사라진다. (…) 어떤 사람들은 전자 벨과 씨름한다. 기차를 불러 오려는 것이지만 그렇게 되지 않는다, (…) 어떤 사람들은 두려워하면서 멈출까 나갈까를 정하지 못한 채 방문 앞에 서 있다. 바슈티처럼. 이 모든 것의 뒤로는 침묵이 있다. 지구의 목소리인 침묵. 지나간 세대들의 목소리인 침묵."[50]

1909년에 출간된 이 소설은 인류가 기계 안에서 사는 상황을 묘사한다. 그리고 내부 작동의 오류로 기계가 멈춘다. H. G. 웰스 *H. G Wells*의 『타임머신*Time Machine*』처럼(포스터는 분명 『타임머신』에서 영향을 받았을 것이다.) 생생하고 매력적인 이야기다. 포스터의 이야기가 힘을 잃는 부분은 기계가 애초에 어떻게 해서 이 세계를 지배하게 됐는지를 설명하지 못한다는 점이다. 이 이야기는 인간 사이에 어떤 심각한 충돌도 없다는 점에서 현실적이지 않다. 기계가 삐걱거리기 시작하자 사람들은 불평을 하고 폭동을 이야기하기도 하지만, 포스터가 묘사한 것처럼 강력하게 세상을 지배하는 기계는 혼란스런 혁명이나 장기간의 전쟁 없이 그런 권력을 달성할 수 없다. 기계가 지배력을 어떻게 확보하게 됐는지에 대한 설명을 빼 놓으면서, 포스터는 그것이 왜 무너지는지에 대한 설명 또한 하지 않는다. 작동 오류만으로는 독자를 설득하기 어렵다. 알수 없는 이유로 평화를 달성한 이 세계는 어느 날 갑자기 알수 없는 이유로 멎어 버린다.

만약 오늘날 그런 기계가 멈춘다면, 가장 그럴 법한 이유는 지정학적 충돌이 심화되어서일 것이다. 테크놀로지의 면에서 보면 세상이 통합된 하나의 시스템 같지만, 지정학적인 면에서 보면 세상은 분열되고 있다. 인터넷과 소셜 미디어를 통한 정보의 즉각적인 흐름은 아랍의 봄, 오렌지 혁명, 우크라이나의 유로 마이단 시위와 "인민 공화국"들의 부상과 같은 대중 운동에 불을 지폈고 열강들은 이를 자기들끼리의 경쟁 수단으로 활용하고 있다. 통합을 일으키는 요인으로 예찬되는 새로운 통신 기술들이 분쟁의 무기로 쓰이고 있다.

권력 구도의 변화에 따라 인터넷이 분열하는 것을 상상하기는 어렵지 않다. 군대를 교란하고 중요한 사회 기반 시설을 멈추게

할 수 있는 버그와 바이러스가 그득한 사이버스페이스는 그치지 않는 전쟁의 장소다. 부분적으로는 이런 이유 때문에, 사이버 공간은 혁명적인 변화의 장소가 될 수도 있다. 우리는 생명과 정신이 우리 인간이 인식할 수 있을 만큼 우리와 비슷한 형태로 진화한다고 믿고 싶어 하지만, 전자적 기술들은 (분쟁의 무기로 사용되는 한편으로) 지적인 생명 형태가 인간의 통제에서부터 독립적으로 진화할 수 있는 영역을 만들고 있는지도 모른다. 로봇이 반란을 일으켜 인간 종의 뒤를 잇지는 않을지 모르지만, 더 진화된 컴퓨터 버그들이 인간 종의 뒤를 이을 수는 있다. 세계가 전자 바이러스에 의해 지배된다는 전망은 진화 과정이 역행한 것으로 보일 수도 있지만, 이렇게 보이는 이유는 진화를 인간의 관점에서 봤기 때문이다.

진화를 계단식 진보의 과정이라고 생각하는 것은 역사를 일련의 점진적 개선으로 생각하는 것과 같다. 사실은, 진화와 역사 모두 변덕스럽고 불연속적으로 이뤄지는 과정이다. 오랜 시간에 걸쳐 우리가 알아볼 수 있는 형태로 스스로를 재생해 내기에 충분할 만큼 복원력 있고 안정적인 사회는 거의 없다. 역사는 완전하게 파괴된 문명의 이야기로 가득하다. 모든 곳에서, 자기 문명의 영속을 확신했던 사제들, 필경사들, 지식인들을 예기치 못한 사건들이 조롱했고, 그들의 기도, 기록, 논문은 먼 후대의 역사학자와 고고학자가 망각에서 발굴해 주지 않는 한 완전히 잊혔다. 갑작스런 소멸은 인간사에서 정상이다.

인간 종도 마찬가지다. 진화는 자기인식, 합리성 등 현대 사상가들이 본질적으로 인간에 속하는 특질이라고 생각하는 것에 집착하지 않는다. 오히려 그 반대다. 이런 특질들은 지난 한두 세기 간발생한 것과 같은 인간 역량의 증가를 가능하게 했지만, 바로 그럼으로써 인간의 쇠퇴와 도태를 가져오게 될 것이다.

인간의 개입으로 기후 체계가 변화하면서, 인간과 자연 세계는 더 이상 분리돼 있지 않다. 이는 인간이 통제력을 가지고 있다는 말이 아니다. 이 시대가 "인류세"(인간의 행동으로 지구적인 변화가 발생하는 지질학적 시대)인 것은 아마도 맞을 것이다. 하지만 인류세는 인간 동물이 무언가에 대해 책임을 질 역량은 이전 어느 때보다도 적은 시기일 것이다. 지구온난화는 인간 활동의 결과지만, 그렇다고 인간이 그 과정을 막을 수 있는 것은 아니다. 지금 무엇을 하든, 인간의 확장은 앞으로 수천 년간 이어질 변형을 촉발했다. 지구가 스스로를 치유한다는 것의 의미는 인류가 무엇을 하든 기후변화가 계속될 것이라는 의미다.

가까운 미래에 인간 종이 멸종할 것 같지는 않다. 하지만 지난 한두 세기처럼 지구상에서 중심적인 종이 될 것 같지도 않다. 현재의 인간 종은 네안데르탈인처럼 될지 모른다. 진화 과정에서 잠깐 나타났던, 그리 중요치 않은 사건이 될 수 있는 것이다. 인간은 자신의 이미지를 본떠 세상을 다시 만들려고 하면서 실제로는 인간 이후의 세계를 불러 오고 있다. 어떻게 끝나든, 인류세는 짧게 끝날 것이다.

현대의 다윈주의자들은 인류의 임무가 진화를 책임지는 것이라고 말할지 모른다. 하지만 "인류"는 무엇에도 책임을 질 역량이 없는 동물들의 오합지졸에 붙인 이름일 뿐이다. 인류는 기후를 교란해서 지구를 인간이 살기에 적합하지 않게 만들고 있다. 또한 인류는 새로운 매스 커뮤니케이션 기술과 전쟁 기술을 발명함으로써 자신을 대체해 버릴 진화의 과정을 촉발하기도 했다.

인간 이후(포스트-휴먼)의 세계는 어떤 모습일까? 그 가능성 하나를 "가이아 이론"(지구 전체가 하나의 유기체처럼 움직인다는 이론)을 개진했던 제임스 러브록James Lovelock의 글에서 볼 수 있다. 러브록은 인간이 지구 시스템의 작동 방식에 대해 아는 것이 너무 없기 때문에 인간의 확장이 지구에 끼친 무질서를 고칠 수 없다고 본다.

우리는 지속 가능한 발전이라든지 재생 가능한 에너지 같은 것을 시도해 볼 수도 있고 지구의 자기 조절을 돕도록 지구공학을 시도해 볼 수도 있다. 18세기 선조들이 수은, 비소, 혈액 추출 등으로 질병을 치료할 수 있다고 확신했듯이, 그만한 정도로 확신을 가지고 우리도 이런 일들을 해 볼 수 있다. 그리고 선조들이 완전히 실패했듯이, 내 생각에는 우리도 지구적인 규모의 문제를 해결하고 지구

가 과도하게 더워지는 것을 막을 수 있을 만큼 똑똑해지지 못한 것 같다.[51]

하지만 인간이 더 이상 지구의 지배적인 생명 형태가 아니게 될 조건들을 자초하고 있다 해도, 인간은 자신의 뒤를 이을 것의 씨앗 또한 뿌리고 있다. 러브록은 인공 지능과 전자적인 생명 형태를 인간이 사라진 뒤에도 지속될 수 있을 생명 형태라고 보았다. 처음에는 인간의 도구로 개발되었다가, 다음에는 인간과 함께 공생하는 상태가 되고, 그 다음에는 인간과 별도로 독자적으로 진화하면서, 전자적인 생명체는 현재 인간이 만들고 있는 더 뜨거운 지구에서 번성하기에 적합한 형태로 진화할 수 있을 것이다.

우리는 인간이 남길 가치 있는 유산들을 잊으면 안 된다. 여기에는 전자적 하드웨어와 지능에 대한 노하우도 포함된다. 새로운 생명은, 그것의 신경이 전자적인 속도로 작동하고 지적인 소프트웨어를 포함하고 있다면, 우리보다 1백만 배 빠르게 살 수 있을 것이다. 그에 따라 시간 규모도 1백만 배 증가할 것이다. 탄소 기반 생명체가 진화해 온 것과 같은 다양성을 산출해 내기에 충분한 시간이다. 다음의 가이아 왕조를 가능하게 하기에 충분할 정도로 가이아의 생명을 연장시킬 수 있는 시간일지도 모른다.[52]

러브록의 전망에서 기계는 털털거리다 시동이 꺼질 수도 있지만 멈추지는 않을 것이다. 지구의 생명 순환과 맞물리면서, 기계들은 자연선택이 생물학적 생명체에서보다 훨씬 더 빠르게 작동하는 가상 세계를 만들 것이다. 인공적인 형태의 생명이 떠오르고 있는 지금, 다음 단계의 진화는 이미 시작됐는지도 모른다.

3장
위버-마리오네트의 자유

한동안 증가해 왔으며, 좋다고도 나쁘다고도 말할 수 없는
종류의 장난감이 하나 있다. 과학적 장난감 말이다.

– 샤를 보들레르Charles Baudelaire,
「장난감의 철학The Philosophy of Toys」[1]

과학이 말해 주지 않는 것

가상의 국가 에레혼(Erewhon, "아무 곳도 아닌 곳"이라는 의미의 "nowhere"을 거꾸로 한 것이다)을 그린 역유토피아 소설 『에레혼*Erewhon*』(1872년에 익명으로 출간됐다)에서 빅토리아시대 소설가 사무엘 버틀러Samuel Butler는 다른 작가(사실은 작가 자신)의 말을 다음과 같이 인용한다.

아직까지 기계가 인식을 많이 발달시키지 못했다고 해서 (…) 기계적 인식의 궁극적인 발전에 대해 안심할 수는 없다. 연체동물은 의식을 거의 가지고 있지 않다. 기계들이 지난 한두 세기 동안 이룬 놀라운 발전을 보라. 그리고 동물과 식물이 얼마나 느리게 발전하고 있는지를 보라. 과거에 비해 보면, 더 고도로 조직된 기계들은, 말하자면, 지난 5분간의 것이지 어제의 것도 아니다. 이해를 돕기 위해, 의식적인 존재가 2천만 년 동안 존재해 왔다고 생각해 보자. 그렇다면 기계가 지난 1천 년간 이룬 발전은 얼마나 놀라운가! 세상은 앞으로 2천만 년간 지속되지 않을 수도 있다. 그러면 마지막에 기계들이 되지 못할 것이 무엇인가?[2]

한 세기 반 전 버틀러가 이 단락을 썼을 때는 의식적인 기계라는 개념이 너무 허황돼서 고려의 가치도 없다고 여겨졌을 것이다. 하지만 오늘날에는 의식적인 기계가 불과 일, 이십 년 안에 우리와 공존하게 되리라는 전망도 있다. 과학 지식의 증가를 보고서도 그런 기계를 충분히 상상할 수 있다는 점을 의심하다면 어리석은 일일 것이다. 그렇다면 의식적인 기계의 도래는 우리가 인간에 대해 생각하는 바에 어떤 영향을 미치게 될까? 우리는 의식적인 기계들을 보면서 영혼 없는 기계가 그저 인간의 의식을 잘 모방하고 있을 뿐이라고 여기게 될까? 아니면 우리는 그것들이 우리의 자아 인식과 비슷한 것을 가진 존재라고 인정하게 될까?

어느 쪽이든, 여기에 답을 주는 것은 과학이 아닐 것이다. 과학이 우리에게 그런 기계를 만들 역량을 주었으면서도 그렇게 해서 만들어진 것이 무엇인지에 대해서는 답을 주지 못한다는 점이 이상하게 보일 수도 있다. 하지만 과학은 세계와 사물의 확실한 그림을 그려 주지 못한다. 과학적 탐구는 여러 다양한 세계관과 함께 존재해 왔다. 르네상스 과학자들 사이에서는 과학과 주술이 늘 긴밀하게 관련돼 있었다. 또 20세기의 가장 투철한 과학적 사상가들도 본질적으로는 영지주의 세계관을 받아들였다.

오늘날 과학보다 권위 있는 것은 없다. 하지만 사실 "과학적 세계관"이라는 것은 존재하지 않는다. 과학은 탐구의 방법이지, 세계관이 아니다. 지식은 가속적으로 성장하지만, 과학이 진보한다고 해서 물질주의가 진리인지 거짓인지, 인간이 자유의지를 가지고 있는지 아닌지를 설명해 줄 수는 없다. 세계가 물질로 구성돼 있다는 믿음은 형이상학적 가정이지, 검증 가능한 이론이 아니다. 물론 과학은 인과관계로 사건들을 잘 설명해 낼 수 있을지 모른다. 자연이 작동하는 법칙들을 도출해 낼 수 있을지도 모른다. 하지만 무언가가 다른 무언가의 원인이라는 것, 혹은 자연법칙이라는 것은 무엇을 뜻하는가? 이는 과학이 아니라 철학이나 종교의 문제다.

과학은 세계가 어떻게 작동하는지를 설명하는 데 가장 효과적인 수단일 수는 있어도 그 자신의 성취를 설명할 수는 없다. 과학적 탐구는 존재하는 모든 것이 (인간이 이제 막 이해하기 시작한) 몇 개의 단순한 법칙을 따르기 때문에 성공적일지도 모른다. 인간 정신의 질서가 정말로 우주의 질서를 반영하고 있을지도 모른다. 하지만 만약 그렇다면, 과학의 성공은 과학을 수행하는 사람들이 우주 중 카오스가 아닌 극히 일부에 살고 있기 때문이다. 아마도 실재를 더 잘 반영하고 있는 것은 인간 정신의 무질서일 것이다.

우리가 어떻게 해서 지금의 세계관을 갖게 되었는지는 흥미로운 질문이다. 물론 이성도 이 세계관을 구성하는 데 중요한 역할을 했겠지만, 의미와 목적을 추구하려는 인간의 욕구가 더 중요했다. 때로는 개인적인 취향도 큰 영향을 미쳤을 것이다.

이성이 완전하게 작동한다면 단 하나의 세계관만 남을 것이라고 보는 것은 잘못이다. 이성으로 파악할 수 있는 모든 것에 들어맞는 세계관은 아주 많을 수 있다. 그런 경우에 우리는 가장 흥미롭거나 가장 아름다운 것을 선택하면 된다. 세계관을 받아들이는 것은 과학 이론을 검증하는 것보다는 방을 꾸밀 가구나 그림을 고르는 것과 더 비슷하다. 검증해야 할 것은 그것이 당신의 삶에 잘 맞느냐이다. 인간이 기계라는 견해가 현재 우리의 삶에 잘 맞는가?

지난 한두 세기 동안 많은 사람들이, 과학이 물질주의가 사실임을 입증했다며 다른 견해는 착각이고 폐기돼야 마땅하다고 주장했다. 하지만 현대의 이러한 교리 문답은 잘못이다. 과학이 물질주의가 참임을 보일 수 있다 쳐도 다른 견해가 모두 거부돼야 하는 것은 아니다. 아마도 과학적 탐구가 입증하게 될 것은 인간의 정신이 신화와 환상 없이는 기능할 수 없다는 점일 것이다. 그런 경우에 과학은 우리를 우리의 환상으로 되돌아가게 만들 것이다.

물질주의가 진리건 아니건 간에, 인간만이 자기의식을 갖는 존재라는 데는 근거가 없다. 인식, 즉 간헐적인 인지의 상태를 인간만이 가졌다고 볼 근거는 없는 것이다. 돌고래는 자신의 성행위를 거울로 보면서 즐긴다. 침팬지는 소중한 상대가 죽으면 인간처럼 슬퍼한다. 이 동물들은 자신이 어떤 종류의 생명체이며 죽음이 무엇을 의미하지 알지 못한다고 반론을 펼 사람들도 있을 것이다. 하지만 이 점에서 인간이라고 다른가?

의식을 신비한 것이라고 보는 개념은 유일신교에서 전해진 편견이다. 17세기 초 프랑스 철학자 르네 데카르트Rene Descartes는 인간 이외의 동물은 감각 없는 기계라고 여겼다. 이는 인간만이 영혼을 갖는다고 본 기독교적 합리주의를 반영한다. 정신과 물질이 완전히 구분되는 별도의 범주라 치더라도, 이는 인간만이 정신을 갖는다는 말은 아니다. 데카르트는 자신의 이론을 증명하기 위해 창밖으로 동물을 던지고서 그 반응을 관찰했다고 한다. 이런 행동을 보면, 지각 없는 기계라고 볼 수 있는 쪽은 인간이 아닐까.

데카르트는 인간만이 정신을 가진다고 믿었을 뿐 아니라 정신이 자신의 행동을 항상 인지하고 있다고 믿었다. 이는 데카르트가 정신과 물질을 구분하는 기준이기도 했다. 하지만 왜 의식이 "모 아니면 도"여야 하는가? 인간에게서도 의식은 그런 식으로 존재하지 않는다. 우리 삶의 대부분은 수면 상태로 지나가며, 깨어 있을 때도 우리는 잊힌 꿈들에 반쯤 사로잡혀 살아간다. 늘 자신의 행동을 인지하고 있기는커녕, 정신은 자신이 하는 일의 대부분을 알지 못한다.

신비한 것은 의식이 아니라 지각하는 모든 존재가 경험하는 감각이다. 자아의식이 있는 존재든 아니든 간에, 어느 생명체든 어느 정도는 자신이 창조해 낸 세상에 살고 있다. 누구도 이 창조의 과정이 어떻게 생겨나는지를 알지는 못한다. 앞으로 누군가 알게 되리라고 볼 근거도 없다. 이 우주가 어떻게 무한히 많아 보이는 주관적인 세상들을 포괄하게 되었는지는 명백한 답을 낼 수 있는 문제가 아니다.

의식이 여러 수준으로 존재한다는 것을 받아들인다면, 영혼을 가진 생명이 어디에서라도 나타날 수 있다는 것 또한 받아들여야 한다. 자아의식은 인간을 넘어서, 다른 동물들과 식물들, 해파리나 벌레에도 존재할 수 있을 것이다. 역설적이게도, 물질주의가 암시하는 바가 바로 이것이다. 우리가 인간이 의식적이라는 것을 안다면, 다른 생명체 역시 의식적이라는 것을 알아야 한다. 야수의 영혼에 대해 글을 썼을 때 레오파르디가 알았듯이 말이다. 그리고 우리는 언젠가 기계도 의식적이 되리라는 것 또한 알아야 한다.

사람들은 자유의지라는 것이 존재한다면 그것은 인간만이 가질 수 있을 것이라고 가정한다. 하지만 의식이 수많은 종에 있을 수 있다면, 자유의지는 왜 그렇지 않아야 하는가? 인간의 행동이 얼마나 한심하게 기계적인지를 보면, 차라리 고릴라나 돌고래가 자유의지를 가질 가능성을 생각해 보는 것이 더 당연해 보인다. 자유의지가 우리에게만 존재할 수 있다고 보는 것은 도그마의 또 다른 사례일 뿐이다. 이런 도그마는 과학에서 나온 것이 아니라 인간이 자연 세계와 분리되어 있다고 보는 종교에서 나온 것이다.

인간만의 특성은 의식이나 자유의지가 아니라 내면의 갈등이다. 상충하는 충동들이 우리를 우리 자신으로부터 분열시킨다. 다른 동물들은 욕망의 만족을 추구하면서 그와 동시에 그 욕망을 악이라고 저주하지 않는다. 죽음을 두려워하면서도 자신의 이미지를 보존하기 위해 죽을 준비가 돼 있는 동물도 인간뿐이다. 꿈을 위해 동족을 죽이는 것도 인간뿐이다. 인간을 인간으로 만드는 것은 자아의식이 아니라 자아분열이다.

이런 분열이 어떻게 해서 생겨났는지는 불분명하다. 이에 대해 설득력 있게 설명해 주는 과학 이론은 없다. 가장 좋은 설명은 여전히 창세기다. 하지만 이 풍성한 신화를 가장 잘 해석한 것은 클라이스트의 소설에서 "헤르 C"가 제시한 것이 아닐 것이다. 전통적인 해석이 그보다 더 진실에 가깝고 현재의 사고방식에 더 전복적일지 모른다.

"헤르 C"처럼 현대 사상가들도 인간이 선악과를 더 많이 먹어서 먼 미래에 완전히 의식적인 존재가 되면 자유의 상태를 달성할 수 있으리라고 생각했다. 일단 그렇게 되면, 인간은 진정으로 자유로워질 것이라고 말이다. 하지만 그런 발전이 가능하다 해도 그 과정에서 무언가는 잃게 될 것이다. "헤르 C"가 말한 대로 무한히 의식적이 된 마리오네트는 신일 것이다. 즉 그것은 인간이 아닐 것이다.

더 고차원의 인간을 창조하고 싶어 하는 사람들은 바로 이런 마리오네트를 만들고자 한다. 그들은 자기인식이 당연히 인간의 고유한 본성이라고 여기면서, 인간 고유의 특성이라 할 만한 많은 것들이 사실은 의식적인 사고와 관련이 없다는 점을 간과한다. 우리는 우리 신체가 왜 이런 방식으로 스스로를 조절하는지 인식하지 못하는 것처럼 우리가 왜 이런 방식으로 서로를 이해하는지도 인식하지 못한다. 완전하게 성찰된 삶은 (그런 것이 가능하기나 하다면 말이지만) 완전히 무가치한 삶일 것이다.

합리주의자들은 정신의 무의식적인 부분이 우리의 동물적 조상이 남긴 잔재이며 진화가 더 이뤄지면 그것이 사라질 것이라고 믿고 싶어 한다. 하지만 우리가 누구인지를 만드는 것은 의식적인 사고가 아니라 동물적인 정신이다. 과학, 예술, 인간 사이의 관계 등은 우리가 기껏해야 희미하게만 인식할 수 있는 과정들을 통해 생겨난다. 인간이 더 의식적이 된다고 해도 가장 인간적인 창조의 힘들이 강화되는 것은 아니다. 중세 전설의 골렘처럼, 의식적으로 인식되는 지식만을 가진 로봇이 인간보다 훨씬 무분별할 수도 있다.

다행히 진화는 이런 식으로 작동하지 않는다. 생각하는 기계가 세상에 처음 나타날 때, 그것들은 오류투성이에 간헐적으로만 명징한 정신을 가진 동물의 작품일 것이다. 그것을 만든 자들은 정신이 불합리와 망상으로 가득 차 있는 존재일 것이다. 브루노 슐츠가 말했듯이, 머지않아 물질(진정한 데미우르고스)은 마네킹에 생명을 불러일으킬 것이다. 흙과 먼지에서 "운명처럼, 숙명처럼" 영혼이 새로 태어날 것이다. 그리고 엔트로피의 압력으로 변형이 일어나면서 인간이 만든 기계들은 그 자체의 오류와 결함을 만들어 내게 될 것이다. 곧 그것들은 자기 정신의 어떤 부분들을 알지 못하게 될 것이다. 억압, 부인, 환상이 의식의 빈 하늘을 구름처럼 채울 것이다. 그들이 파악할 수 없는 내면 세계에 적대적인 충동들이 생겨나 그들의 행동을 지배할 것이다. 이렇게 반쯤 부서진 기계들은, 그러면서도 자신이 삶의 경로를 스스로 선택하고 있다고 느끼게 될 것이다. 인간에서도 그랬듯이 이 또한 망상일 것이다. 하지만 그 망상적인 감각이 정신을 지배하면서, 인간에서 "영혼"이라고 불렸던 것이 그것들에게 생겨날 것이다.

꼭두각시를 위한 윤리

꼭두각시는 어떻게 살아야 하는가? 꼭두각시는 이런 선택을 내릴 수 없다고 여겨질지 모른다. 하지만 위버-마리오네트(진화의 결과로 자기인식을 갖게 된 꼭두각시 같은 존재)*는 마치 자신의 행동을 스스로 결정하는 듯이 살 수밖에 없다. 이들은, 때로는 관조의 상태로 전환해 자신의 삶을 그저 주어진 것으로 바라볼 수도 있겠지

---

* "초인"을 뜻하는 니체의 용어 "위버멘슈"에서 따 온 조어다. 옮긴이

만, 행동을 할 때는 반드시 자신이 자유롭다고 느끼게 된다.

위버-마리오네트들은 어떻게 살아야 하는가에 대해 하나로 환원할 수 없는 다양한 견해를 가지고 있다. 이 생각하는 꼭두각시들은 어느 면에서 보면 모두 똑같기 때문에, 어떤 가치들은 보편적이다. 모든 문화권에서 고문이나 박해는 나쁜 것이며, 보살핌을 받거나 친절한 대우를 받는 것은 좋은 것이다. 하지만 이런 가치들은 종종 서로서로, 그리고 다른 삶의 양식이 말하는 이러저러한 덕목들과 충돌한다. 보편 가치들을 다 합한다고 해서 보편 도덕이 되지는 않는다. 인간의 가치가 인간세계가 아닌 데서 왔다고 믿지 않는다면, 우리는 인간을 있는 그대로, 그러니까 영속적으로 투쟁하는 도덕들을 가진 존재로 받아들여야 한다.

그렇긴 하지만, 다른 도덕들보다 인간의 조건에 더 참되게 부합하는 도덕들이 있다. 서구의 도덕 윤리를 보자. 그리스 윤리는 유대교나 기독교와 몇 가지 근본적인 면에서 다르다. 하지만 이 세 윤리 모두 현대의 도덕과 크게 다르다. 그리고 옛 도덕들이 오늘날의 도덕보다 더 가치 있다.

고대 그리스인들은 윤리가 명령과 금지의 집합이 아니라는 것을 알고 있었다. 고대 그리스인들에게 도덕은 삶의 기술이었다. 그들에 따르면, 번성하려면 인간에게는 미덕이 필요하다. 정신과 성정의 상태가 나쁘면 좋은 삶을 영위하는 데 방해가 된다. 하지만 그리스인들의 사고에 '악'의 개념은 없었다. 소크라테스는 진정한 자연의 속성을 아는 사람이라면 선하게 될 수밖에 없다고 생각했다. 인간이 좋은 삶을 살지 못하는 것은 무지하기 때문이라는 믿음은 현대에 되살아났다. 과학 지식이 증가하면 인간의 선함도 증가할 것이라는 믿음 말이다.

하지만 소크라테스에게 이 믿음, 즉 지식에 구원의 힘이 있다는 믿음은 형이상학적인 것이었다. 현명한 사람이 선할 수밖에 없다면, 이는 그 사람이 감각의 영역보다 상위에 있는 완벽한 질서에 자신을 동일시하기 때문이었다. 일반적인 철학사의 설명만 보면, 합리주의의 성인으로 여겨지는 소크라테스가 점술을 믿었고 꿈을 해석하려 했으며 내면의 목소리(그는 이것을 "신의 목소리"라고 불렀다.)를 듣고 따르려 했다는 점은 알 수 없을 것이다.³ 소크라테스는 고대 그리스의 샤머니즘을 완전히 버리지는 않았다. 다만 소크라테스가 암시한 개념들은 샤머니즘적인 믿음과 수행을 넘어 훨씬 더 나아갔다. 소크라테스는 자신이 확실히 알 수 있는 것은 아무것도 없다고 하면서도 세상이 합리적이라는 것을 의심하지는 않았다. 이성에 대한 소크라테스의 믿음은 진리와 선을 동일시하는 기묘한 개념을 바닥에 깔고 있었다. 기원은 잊혔거나 억압된 채로, 이 개념은 서구 합리주의의 기초가 되었다. 이는 니체가 조롱조로 "소크라티즘"이라고 부른,⁴ 소크라테스 가르침의 텅 빈 버전인 셈이다.

다행히 고대 그리스에는 철학 말고 다른 것도 있었다. 그리스의 비극 작가들은 인간의 경험을 더 진실에 가깝게 표현했다. 아무리 많은 덕과 이성도 인간이 가치 있는 삶을 살도록 보장해 주지는 않는다는 것이다. 그리스의 신화도 비슷한 이야기를 한다. 프로메테우스는 흙으로 인간을 만들고 두 발로 설 수 있는 자세와 불의 사용법을 알려 줬다. 제우스는 프로메테우스가 바위에 묶인 채 영원히 고통을 받아야 하는 형벌을 내렸다. 신의 자기주장조차도 오만으로 귀결되며, 이런 오만에는 항상 벌이 내려진다.

유대교도 그리스 비극과 비슷한 개념을 담고 있다. 신의 정의로움이 무엇인지에 대한 욥의 질문은 (신의 의지를 받아들이는 것으로 끝나긴 했지만) 궁극적인 도덕의 조화가 존재한다는 믿음에 도전을 제기할 수밖에 없다. 이와 대조적으로, 신이 어떤 악이라도 물리칠 수 있고 심지어는 죽음조차 무효로 만들 수 있을 것이라고 믿은 기독교는 반反비극적인 신념을 만들어 냈다. 예수가 십자가에서 못 박히고 계속 죽어 있었다면 그것은 비극이다. 하지만 기독교에서 예수는 되살아나 지상에 내려왔다. 그렇긴 하지만 오늘날의 사고방식에 비하면 기독교는 여전히 비극에 대한 고대의 이해에 더 가깝다. 바울과 아우구스티누스에 의해 발달한 바로, 기독교는 인간이 하는 어떤 일도 인간을 추락의 상태*에서 끌어올리지 못한다는 것을 인정했다. 이 점에서 기독교는 고대 그리스의 윤리와 크게

---

* 에덴동산에서 추방된 상태. 옮긴이

다르지 않다. 무엇도 인간을 운명으로부터 보호하지는 못한다는 것을 알고 있는 것이다.

인간이 인간 내재적인 한계들을 결코 극복할 수 없으리라는 점을 이해했다는 데서 이 옛 도덕들은 현대의 도덕보다 우월하다. 인간이 자신을 잠재적인 신으로 여기게 된 것은 매우 최근이다. 고대의 사상가들은 더 현명하기도 했을 뿐 아니라 더 정직하기도 했다. 그들은 인간의 행동이 세계를 (어느 경우에는 영원히) 바꿀 수 없다는 것을 알고 있었다. 그들은 또한 문명이 뜨고 진다는 것도 알고 있었다. 얻은 것은 잃을 수 있다. 그리고 계절처럼 자연스러운 순환 속에서 다시 얻고 다시 잃을 수 있다.

이 세계관은 서기 14년, 옥타비우스 카이사르(훗날 로마제국을 세우고 아우구스투스 황제가 되는 인물)가 항해 중에 쓴 편지에 나온다.

로마는 영원하지 않다. 무슨 상관이랴. 로마는 무너질 것이다. 무슨 상관이랴. 야만이 승리할 것이다. 무슨 상관이랴. 로마라는 순간이 있었고 그것은 완전히 죽어 사라지지는 않을 것이다. 로마를 정복한 야만은 곧 로마가 될 것이다. 로마의 언어가 야만의 거친 언어를 부드럽게 할 것이다. 야만이 파괴한 세계관이 그들의 피에 스며들 것이다. 그리고 내가 불안정하게 떠다니고 있는 이 짠 바다만큼 끝없는 시간이 지나면, 로마가 무너져서 치러야 했던 것들은 아무것도 아닐 것이다. 아니, 아무것도 아닌 것보다도 적을 것이다.[5]

오늘날에는 이 스토아주의적인 윤리를 받아들일 수 있는 사람이 아무도 없을 것이다. 이 편지는 허구로, 존 윌리엄스John Williams의 소설 『아우구스투스*Augustus*』(1972)에 나온다. 그러나 이런 태도가 고대 세계에 일반적이었다는 데는 의심의 여지가 없다. 마르쿠스 아우렐리우스Marcus Aurelius의 『명상록』은 아우구스투스 이후 수백 년 동안 로마를 다스린 황제들의 생각을 기록하고 있는데, 위와 비슷한 스토아 철학이 많이 담겨 있다. 소설 속의 아우구스투스처럼 아우렐리우스도 우리가 문명이 이기리라는 희망은 가지지 않은 채로 야만에 맞서 문명을 단호하게 지켜야 한다고 주장했다.

　기독교가 승리하기 전에 살았던 아우구스투스와 아우렐리우스는 역사가 세상 전반을 아우르는 의미를 가진다고는 상상하지 않았다. 그들은 사건들의 경로 기저에 숨겨진 구원의 길이나 향상의 길이 놓여 있다고 생각하지 않았다. 변질된 소크라티즘과 썩은 기독교의 찌꺼기를 먹고 살면서, 현대의 사상가들은 이를 절망의 조언이라고 비난한다. 하지만 고대 세계에서 이런 개념은 건강하고 명징한 정신을 나타내는 것이었다. 이러한 명징함이 이제 회복될 수 없다면, 이는 역사가 의미를 갖는다는 유일신교의 믿음이 유일신 종교 자체가 거부된 이후에도 계속해서 현대의 사고방식을 구성해 왔기 때문일 것이다. 가장 급진적으로 종교를 비판한 니체는 유일신이 미친 막대한 악영향을 한탄하면서도 그 자신이 유일신교의 악영향을 드러냈다. 위버멘슈(초인)라는 불합리한 인물은 역사가 인간의 의지의 힘으로 의미를 부여받을 수 있다는 환상을 구현한다. 초기 작품에서 비극의 감각을 되살리려 했던 니체는, 인간 종의 우월성과 유일성을 주장하는 또 하나의 근대 프로젝트로 귀결됐다.

신이라는 개념을 거부하고자 한다면, 우리는 "인류"(역사에서 구원을 추구하는 보현 주체) 또한 존재하지 않는다는 것을 받아들여야 한다. 이렇게 할 수 있는 사람이 거의 없다는 것은 고대의 윤리가 되돌아올 수 없는 이유 중 하나다. 그런데 또 하나의 이유가 있다. 문명을 지키는 것이 매우 어려운 일이라는 점이다. 반면 야만은 위반과 흥분을 약속하면서 쉽게 살아난다. 문명이 부서지기 쉽다는 점은, 제약받지 않는 삶에 대한 꿈이 계속해서 존재한다는 데서 확인할 수 있다.

문명은 힘의 사용에 대한 제약을 의미한다. 하지만 고상하게 들리는 목적을 위해 쓰일 때 폭력은 저항할 수 없는 매력을 가진다. 아즈텍 사람들처럼 현대의 인류도 살육과 단단히 결합돼 있다. 하지만 대량 살상을 정당화하는 오늘날의 비전은 아즈텍의 조롱하는 신 개념보다 더 비현실적이고 원시적이다. 오늘날에는 아즈텍 사람들로서는 상상도 못 했을 규모로 인간 희생을 요구하는 전쟁과 혁명이 보편 자유를 달성하기 위해서라는 명목으로 자행된다. 레오파르디가 말한 "이성의 야만"은 과거에 있었던 어느 야만보다 더 야만적이었다.

인간 대 인간 사이에서의 자유는 인간의 자연적인 조건에 맞지 않는다. 그 자유는 인간이 서로에게 불간섭을 실천해야 하는데, 이 기술은 배우는 데 매우 오래 걸리고, 배웠다 해도 매우 빠르게 잊힌다. 이 "소극적 자유"의 목적은 인간을 합리적인 존재로 만들 진화를 촉진하는 것도, 인간이 스스로를 지배할 수 있게 하기 위한 것도 아니었다. 그것은 인간을 서로에게서 보호하기 위한 것이었다. 자신으로부터 분열된 인간 동물은, 부자연스럽도록 폭력적인 것이 바로 자연스런 본성이다. 소극적 자유, 즉 불간섭적인 자유 개념은 이 사실을 받아들인다. 바로 이 이유 때문에, 이런 자유는 인간 동물에 대한 결함을 조금이라도 언급하는 것이 신성모독으로 비난받는 시기에는 언제나 가치 절하될 수밖에 없다.

오늘날, 불간섭적 자유를 구현할 수 있는 제도(인신 보호 영장, 공개 법정, 법치 등)는 훼손되거나 버려지고 있다. 고문과 납치와 비밀스런 강제 이송이 인권을 명목으로 벌어지는 싸움에서 주요 무기로 사용된다. 조금이나마 효과적으로 자유를 지키는 유일한 수단이었던 것들이 우리가 허상을 추구하는 와중에 버려지고 있다. 그와 동시에, 전제주의의 새로운 형태가 세계 각지에서 생겨나고 있다. 그리고 현대 정부들은 전통적인 압제자들이 가졌던 것보다 훨씬 침투적인 방식으로 대중을 통제할 수 있는 기법을 개발하기 위해 첨단 기술들을 동원하고 있다.

이런 상황에서 어떤 종류든 간에 인간이 자유를 발견할 수 있다면, 고대 사상가들이 높이 샀던 내면의 자유뿐일 것이다. 미래에 역사가 다시 반전하면 인간 대 인간 사이의 자유가 되돌아올 수 있을지도 모른다. 하지만 현재로서, 그리고 가까운 미래에도, 현실적으로 가능한 유일한 자유는 인간 각자의 내면에서만 이뤄질 수 있다.

그런데 내면의 자유는 오늘날의 시대정신에 가장 맞지 않을 법한 개념이다. 인간세계가 향상되고 있다는 일반적인 믿음에 의문을 제기하기 때문이다. 위안을 주는 이 믿음이 없다면 분명코 많은 이들이 견딜 수 없을 것이다. 가장 좋은 경로는 그들이 잠에 빠져 있게 두는 것이다. 하지만 용기 있게 정신의 반전을 기해 보려는 사람에게라면, 오늘날 내면의 자유가 무엇을 의미할 수 있을지 생각해보는 것이 충분히 가치 있는 일일 것이다.

중력과 추락

"헤르 C"가 말했듯이 마리오네트는 인간에게 없는 장점을 가지고 있다. 꼭두각시는 중력을 거부한다. "헤르 C"의 묘사를 다시 보자. "꼭두각시에게는 **중력에 저항**할 수 있다는 장점이 있습니다. 물질의 무거움이라는 속성은 대체로 무용수들에게 안 좋게 작용하지요. 하지만 이 요소를 꼭두각시는 완전히 무시할 수 있습니다.

그들을 공중으로 들어 올리는 힘이 그들을 땅으로 당기는 힘보다 크기 때문입니다."[6] 마리오네트는 자신이 어떻게 행동해야 하는지를 결정할 필요가 없기 때문에 중력에 저항할 수 있다. 인간은 어설픈 동작으로 움직이면서 영원히 아래로 떨어지는 중이다. 하지만 위버-마리오네트, 즉 자신이 기계임을 아는 인간은 어떨까? 꼭두각시의 우아한 자동기계적 움직임을 부러워할까?

"헤르 C"의 이야기에서, 인간은 완전히 의식적이 되면 자유로워진다. 이렇게 신과 같은 존재가 되면 신비로운 것, 알지 못하는 것은 없어진다. 알지 못하는 부분은 의식이 커지면서 사라질 것이고, 그 내면의 빛에 따라 사는 것은 진정한 자유일 것이다. 물론 이것은 매우 오래전부터 있어 온 신념이다. 영지주의의 신념이기도 하고, 소크라테스의 신념이기도 하다. 둘 다 자유가 특정한 종류의 지식을 소유함으로써 달성될 수 있다고 보았다. 현대의 합리주의 역시 이런 신념의 또 다른 표현이다. 현대의 진화 복음주의자들, 트랜스-휴먼transhuman을 꿈꾸는 사람들, 기술미래주의자들도 이런 신조를 따른다. 그리고 이들 모두 정신에서 신비를 쫓아내려는 프로젝트에 헌신한다.

이러한 프로젝트의 문제는, 정신을 그 자신 안에 가두는 효과를 낸다는 점이다. 설명될 수 없는 것이 아무것도 존재하지 않는 세상에서는 모든 것이 기저의 원리에 따라 발생한다. 영지주의에서 세계는 데미우르고스의 장난감이었다. 음모론자들에게 역사는 주술적인 주체의 각본에 따라 움직이는 것이었다. 합리주의자들은 계몽이 미신과 반동의 사악한 힘 때문에 꺾이고 있다고 본다. 여기에서 우리는 어떤 유형을 볼 수 있다. 정신에서 신비를 몰아내려고 하면, 필립 딕이 그랬듯이, 악마에 둘러싸인 망상증적 우주에 갇히게 되는 것이다.

영지주의는 기독교에 의해 궤멸된 것으로 보이지만 사실 세상을 정복했다. 지식의 해방적 힘을 믿는 것은 현대 인류를 지배하는 환상이 되었다. 대부분의 사람들은 그들이 겪는 모순과 갈등을 꿰어 주는 설명이 있으면 거기에서 구원될 것이라고 생각한다. 하지만 자기인식과 자기 분열은 뗄 수 없는 것이다. 이는 창세기 신화에도 나오는 진실이다. 인간의 [에덴동산으로부터의] 추락은 역사의 시작점에 발생한 하나의 사건이 아니라 자기인식적인 존재가 갖는 내재적인 조건이다.

인간처럼 오류가 있고 무지한 생명체만이 인간이 자유로운 방식으로 자유로울 수 있다. 우리는 물질이 어떻게 해서 우리의 세계를 꿈꿀 수 있는지 알지 못한다. 그 꿈이 끝나서 우리가 죽고 나면 그 다음에 무엇이 올지도 알지 못한다. 우리는 우리 자신이 아니게 만들어 줄 지식을 열망한다. 무엇이 되고 싶은지는 모르면서도 말이다. 하지만 왜 자신으로부터 도망치려 하는가? 알지 못한다는 사실을 받아들이면, 영지주의자들이 추구한 것과는 매우 다른 종류의 내면의 자유가 가능해진다. 이러한 "소극적 수용 능력

nrgative capability ***** 을 갖게 되면 더 높은 형태의 의식을 원하지 않게 될 것이다. 일상적인 정신만으로도 필요한 모든 것을 얻을 수 있을 것이다. 삶에 의미를 부여하려 애쓰지 않을 것이고, 의미가 왔다가 사라지게 두는 것에 만족할 수 있게 될 것이다. 비틀거리지 않는 꼭두각시가 되는 대신 인간세계에 발부리를 부딪혀 가면서 길을 낼 수 있을 것이다. 위버-마리오네트는 자유로워지기 위해 꼭 날 수 있게 될 때를 기다리지 않아도 된다. 하늘로 비상하기를 추구하지 않으면 땅으로 떨어지는 데서도 자유를 찾을 수 있다.

---

* 시인 존 키츠John Keats가 제시한 개념으로, 불확실한 현실을 인정하고 모든 것에 마음을 여는 자세를 뜻한다. 옮긴이

감사의 글

이 책을 쓰는 데 수많은 사람들의 도움을 받는 큰 행운을 얻었다. 〈펭귄출판사〉 편집자 사이먼 윈더Simon Winder는 저자가 편집자에게 기대할 수 있는 어떤 것보다도 많은 것을 해 주었다. 사이먼의 조언 덕분에 책이 매우 많이 좋아졌다. 미국에 있는 〈파라, 스트라우스, 앤 지로〉 출판사의 편집자 에릭 친스키Eric Chinski도 막대한 지지와 격려를 보내 주었다. 친구 애덤 필립스Adam Phillips는 소중한 조언을 해 주었고 내가 희미하게만 생각하고 있던 내용을 이 책으로 펴낼 수 있게 해 주었다. 에이전트 트레이시 보한Tracy Bohan은 저자가 필요로 하는 모든 것을 제공했다. 책이 나오는 과정 내내 보한의 격려와 지지는 큰 힘이 되었다. 〈와일리 에이전시〉

에서 일하는 캐트린 에반스Catrin Evans 역시 보한의 출산 휴가 중에 업무를 맡아 주어서 출간이 차질 없이 이뤄질 수 있었다.

많은 이들과의 대화가 나의 생각에 자극을 주었고 책에 반영되었다. 특히 다음 분들에게 감사를 전한다. 브라이언 애플야드Bryan Appelyard, 바스 하이네Bas Heijne, 데이비드 허먼David Herman, 제라드 리모스Gerard Lemos, 제임스 러브록James Locklock, 데이비드 리프David Rieff, 폴 슈츠Paul Schutze, 윌 셀프Will Self, 존 시메논John Simenon, 조프리 스미스Geoffrey Smith, 마르셀 서로Marcel Theroux, 나심 탈레브Nassim Taleb.

2장의 제사로 쓰인 R. S. 토머스의 시 「부인」의 해당 구절은 〈블러닥스북스〉 출판사와 〈R. S. 토머스 재단〉의 허가를 받아 게재했다.

내가 받은 조언들을 모두 책에 반영한 것은 아니므로, 책의 내용에 대한 책임은 모두 내게 있다. 인용문에 대해서도 마찬가지다.

언제나 그렇듯이, 가장 큰 도움을 준 아내 미에코에게 감사를 전한다.

– 존 그레이

자유의지로부터의 자유

"인간의 자유에 대한 소고A Short Enquiry into Human Freedom"라는 부제에서 보듯, 『꼭두각시의 영혼』(2015)은 "인간에게 가능한 자유는 무엇인가"를 고찰한다. 이 질문은 두 가지를 묻는다. 자유는 무엇인가, 그리고 인간은 어떤 존재인가. 물론 우리는 쉬운 대답을 알고 있다. 자유란 "선택의 자유"를 의미하며 이는 판단을 내리고 의사결정을 함으로써 자신의 의지를 실현시키는 주체적 존재를 전제한다고 말이다. 이 대답에서 자아, 선택, 자유, 의지, 그리고 진보는 한 덩어리로 결합돼 있다. 이 결합을 우리는 당연히 여기지만, 사실 그것은 인류 보편의 가치를 구현한 것도, 자연의 섭리나 진리의 법칙에서 도출된 것도 아니며, 근현대 특유의 환상, 그것도 매우 해로운 환상에 불과하다고 존 그레이는 주장한다.

자유는 다양한 것을 의미할 수 있다. 가령, 선택의 자유가 아니라 "선택으로부터의 자유"도 있다. 책 첫 머리에 인용된 하인리히 폰 클라이스트의 단편은 자기투영적 인식을 갖지 않는 꼭두각시 인형이 자유가 전혀 없는 자동기계의 상태가 아니라 선택의 부담에 속박되지 않는 자유의 상태를 보여 준다고 말한다. 이는 인간이 도달할 수 없는 종류의 자유다. 인간은 진화 과정에서 어쩌다 자기인식을 갖게 됐기 때문이다. 이 어정쩡한 자기인식 탓에 인간은 끊임없이 스스로를 반추하며 자아라는 환상을 지어내야만 하는 존재가 됐고 자신의 모든 행동을 의지로 선택해야 한다는 부담을 지고 살게 됐다. "선택의 부담"은 인간이 숙명처럼 처한 조건이다. 이로부터 자유로워지는 것은 무한히 더 의식적인 존재가 되고 나서야, 즉 지식의 나무 열매인 선악과를 한 번 더 먹고 나서야 가능할 것이다.

고대 영지주의자들이 바로 이러한 자유를 추구했다. 자기인식을 가진 인간은 욕망들이 일관성 있게 하나의 총체로 조화를 이루고 있는 "자아"의 상태가 아니라 서로 환원될 수 없는 다양한 욕망들이 상충하는 내면의 갈등의 상태에 처하게 된다. 영지주의자들은 특정한 종류의 지식을 획득하면 내면의 갈등을 벗어난 자유에 도달할 수 있으리라고 꿈꿨다.

꿈꾸긴 했어도 고대 영지주의자들은 인간이 살아가는 지상의 세계에서 그 꿈은 이뤄질 수 없다는 것, 인간은 인간 내재적인 한계들을 결코 극복할 수 없으리라는 것을 알고 있었다. 그런데 인간 조건에 대한 이 통찰은 버려진 채, 지식의 힘으로 인간이 불완전성과 불확실성을 벗어버릴 수 있으리라는 신념만 살아남았다. 근현대 시기에 이 신념은 보편 유토피아에 대한 종교적 믿음, 그리고 계몽주의 시기와 과학혁명 등을 거치면서 확립된 합리주의에 대한 믿음과 결합해 "진보의 신화"를 형성했다. 이제 인간 조건을 극복하는 것은 인간이 지식과 의지로 현세에서 실현해 낼 수 있고 또 실현해 내야 할 실천적 프로젝트가 됐다. 이는 개인 주체를 확립하려는 자아 프로젝트로뿐 아니라 "고차원의 보편 인간"을 집단적으로 구현하고자 한 사회공학의 형태로도 드러났다. 20세기에 "자유의지"에 대한 신념이 자유를 극도로 억압한 전체주의적 사회공학과 나란히 진행된 역설을 존 그레이는 이렇게 설명한다.

유토피아주의 및 합리주의와 결합해 한 덩어리가 된 자아, 자유, 의지, 진보의 개념을 비판하며 근대적 기획들의 폭력성을 짚는 것은 존 그레이가 2000년 이후 내놓은 저작들의 일관된 주제다. 이를테면, 2002년 출간된 『하찮은 인간, 호모 라피엔스』(한국판 2010년)는 다른 동물과 달리 인간은 지식과 의지로 자연적 조건을 벗어날 수 있다고 보는 인간 예외주의적 휴머니즘의 허구성을 짚었고, 2007년의 『추악한 동맹』(한국판 2011년)은 막대한 폭력을 수반한 근현대 정치 기획들이 종교적 유토피아 신념의 또 다른 모습이었음을 지적했으며, 2013년 『동물들의 침묵』(한국판 2014년)은 진보의 신화를 비판적으로 고찰했다. 동일한 기조에서, 『꼭두각시의 영혼』은 자유를 키워드로 삼아 논의를 전개한다.

이러한 존 그레이의 문제의식은 사실 더 이전으로 거슬러 올라간다. 정치철학자인 그는 1980년대와 1990년대에 자유주의 철학에 대한 연구로 학계의 경력을 쌓았고 특히 이사야 벌린Isaiah Berlin의 사상에서 크게 영향을 받았다. 직접적으로 인용돼 있지는 않지만, 이사야 벌린의 가치 다원주의value pluralism와 소극적 자유negative freedom 개념은 『꼭두각시의 영혼』에도 강하게 드러나 있다.

이사야 벌린은 인간의 가치는 아주 많을 수 있으며 이 가치들 중 많은 것이 근본적으로 상충하고 심지어는 "통약불가능incommensurable"하다고 봤다. 공통된 척도나 매개가 없어서 가치들 사이에 "합리적 비교"가 존재할 수 없다는 것이다. 따라서 인간은 합리적 이성을 아무리 동원해도 결코 풀 수 없는 딜레마들에 직면한 상태로 선택을 내려야 한다. 존 그레이는 이사야 벌린에 대한 해설서(『이사야 벌린Isaiah Berlin』(1996), 2013년에 새 서문과 함께 재출간됐다.)에서 이사야 벌린의 자유주의가 "합리적 선택rational choice"이 아닌 "급진적 선택radical choice" 개념에 기초하고 있으며, 이는 여러 가치들 사이에 궁극적으로 일관된 조화를 찾거나 만들 수 있다고 보는 서구의 주류 사상과 배치된다고 설명했다.

풀 수 없는 딜레마 사이에서의 "급진적 선택"에 처하는 것이 인간 존재의 피할 수 없는 조건임을 전제로, 이사야 벌린은 "소극적 자유"를 옹호하고 "적극적 자유" 개념의 위험성을 경고했다. 소극적 자유는 외부에서 부과되는 제약이 없는 상태를, 적극적 자유는 주체가 의지를 행사하는 자유를 의미한다. 존 그레이에 따르면, 이사야 벌린은 특히 적극적 자유가 합리주의의 이상과 결합해 남용될 위험이 있음을 경계했다. 합리주의의 이상은 지적인 탐구가 도덕적·정치적 실천의 딜레마들을 "알게" 해 주는 것을 넘어서 그에 대해 "처방"을 제시할 수 있으며 이는 전 인류에 보편적으로 적용될 수 있다는 믿음을 불러 온다는 것이다. 반면 소극적 자유는 다양한 삶의 형태에 여지를 허용하므로 가치 다원주의에 더 잘 부합한다. 허구적인 보편의 추구가 자유를 폭력적으로 억압할 수 있다는 경고, 그리고 다양하고 다원적인 삶의 양식들에 대한 관용의 추구는 존 그레이의 저작에서도 중요한 기초를 이룬다.

소극적 자유는 집단에서의 자유, 즉 인간 대 인간 사이에서의 자유다. 그런데, 존 그레이에 따르면, 인간 대 인간 사이에서의 자유는 대체로 인간의 자연적인 조건에 맞지 않는다. 자기 분열적 존재인 인간은 부자연스럽게 폭력적일 수밖에 없으며 이는 합리적 이성과 과학적 지식이 얼마나 발달하더라도 달라지지 않는다. 소극적 자유는 인간 존재가 가진 이러한 결함, 즉 극도로 폭력적인 존재라는 결함을 인정하고 인간을 서로에게서 보호하기 위한 것이다. 그러므로 인간이 결함 없는 존재가 될 수 있다는 믿음이 지배하는 세상에서는 소극적 자유가 신성 모독으로 여겨져 지탱되지 못한다. 게다가 소극적 자유는 서로에 대해 "불간섭"을 실천해야만 가능한데, 너나 없이 특정 가치와 삶의 양식을 보편으로 등극시키려는 상황에서 불간섭의 실천은 배우기 어려울 뿐더러 배워도 금세 잊힌다.

존 그레이는 오늘날이 인간 사회에서 소극적 자유를 기대하기 어려운 상황이라고 본다. 일부 지역에서나마 자유, 민주주의, 경제적 번영이 드물게도 함께 진전되었던 짧은 기간이 지난 뒤, 사회정치적 안정성은 눈에 띄게 해체되고 있다. 인신 보호 영장, 법치 제도 등 소극적 자유 실현에 조금이나마 효과가 있었던 제도들은 버려지고 있고 거의 모든 종교적·세속적 사상에서 근본주의 분파가 세력을 확장하고 있으며 인간 세계의 폭력성은 어느 때보다도 심해 보인다. 하지만 인간은 인간의 조건을 여실히 드러내는 현실에 직면하지 못한다. 그래서 (폭력의 감소 등) "인류 진보"의 계시로 여길 수 있을 법한 데이터와 숫자들의 주술, 그리고 외부 세계의 폭력에 대한 공포와 그로부터 피해 있다는 안전함의 감각을 동시에 제공하는 스펙타클의 가상 세계에 필사적으로 안주하려 한다.

존 그레이에 따르면, 인간 대 인간 사이에서 자유의 여지가 사라지고 있는 상황에서, 인간이 추구할 수 있는 것은 내면의 자유다. 영지주의자들이 추구한 자유도 그런 사례다. 그들은 특별한 지식을 획득해 정신에서 신비롭고 알 수 없는 부분을 모두 제거함으로써, 즉 무한히 의식적인 존재가 됨으로써 내면의 자유를 얻고자 했다. 하지만 존 그레이는 이 역시 인간의 자연적 조건을 부인하려는 시도이며 정신은 해방은커녕 망상의 세계에 갇히고 만다고 지적한다.

책의 말미에서 존 그레이는 "소극적 수용 역량negative capability"이라는 개념을 통해 내면의 자유를 추구하는 또 다른 가능성을 탐색한다. 소극적 수용 역량은 19세기 영국 시인 존 키츠John Keats의 개념으로, 확실성의 추구에 집착하기보다는 불확실성을 인정하고 의심과 회의에 마음을 여는 태도를 말한다. 존 그레이는 불확실성을 없애 줄 특정한 지식을 가지려 하기보다는 불확실성, 회의, 의심과 더불어 살아갈 수 있는 역량을 가지려 하는 것이 우리를 더 가치 있는 자유로 이끌어 주지 않을까 하고 질문을 던진다. 알지 못한다는 사실을 받아들이면 영지주의적 자유와는 다른 종류의 내면의 자유를 얻을 수 있을지도 모른다고, 비틀거리지 않는 꼭두각시가 되기를 꿈꾸는 대신 인간세계에 발부리를 부딪혀 가며 길을 낼 수 있을 것이라고, 하늘로 비상할 언젠가를 기다리는 대신 땅으로 떨어지는 데서도 자유를 찾을 수 있을 것이라고 말이다.

물론 존 그레이는 이것을 모든 이가 따라야 할 "보편적인 삶의 태도"로 제시하지는 않는다. 존 그레이의 책은 우리에게 "답"을 주지는 않지만, 인간에게 자유가 무엇을 의미할 수 있는지를 다원적인 삶의 형태에 조금 더 풍성하게 여지를 열어 줄 수 있는 쪽으로 탐색해 보자는 그의 제안은 여전히 매우 유효하다.

2016년 9월 김승진

주석

제사

1. Heinrich von Kleist, "The Puppet Theatre", *Selected Writings*, ed. and trans. David Constantine, Indianapolis/Cambridge, Hackett Publishing, 2004, 416.
2. Philip K. Dick, *The Three Stigmata of Palmer Eldritch*, London, Gollancz, 2003, 제사.

1장 l 꼭두각시의 신앙

1. J. L. Borges, "A Defense of Basilides the False", *The Total Library*, London, Penguin Books, 2001, 68.
2. Heinrich von Kleist, "The Puppet Theatre", *Selected Writings*, ed. and trans. David Constantine, Indianapolis/Cambridge, Hackett Publishing, 2004, 411~416.
3. 영지주의가 현대 정치에 미친 영향은 내가 쓴 다음 책을 참고하라. *Black Mass: Apocalyptic Religion and the Death of Utopia*, London, Penguin Books, 2007, 15~16, 95~96.
4. Lawrence Derell, *The Avignon Quintet*, London, Faber & Faber, 2004, 134~135.

5. 버날과 그의 인용문에 대한 논의는 다음을 참고하라. Philip Ball, *Unnatural: The Heretical Idea of Making People*, London, Bodley Head, 2011, 171~172.

6. Ray Kurzweil, *The Singularity is Near: When Humans Transcend Biology*, London, Penguin Books, 2005.

7. 영지주의에 대한 가장 좋은 설명으로 다음을 꼽을 수 있다. Hans Jonas, *The Gnostic Religion: The Message of the Alien God and the Beginnings of Christianity*, 2nd ed., Boston, Beacon Press, 1963. 다음도 참고하라. Giovanni Filoramo, *A History of Gnosticism*, trans Anthony Alcock, Cambridge, Mass. And Oxford, Blackwell, 1992.

8. 서구 종교에서 악마의 개념에 대한 연구는 다음을 참고하라. Yuri Stoyanov, *The Other God: Dualist Religions from Antiquity to the Cathar Heresy*, New Haven and London, Yale University Press, 2000.

9. 인용문들은 다음을 참고하라. Stoyanov, *The Other God*, 2.

10. 앞의 책, 33.

11. Bruno Schulz, *The Street of Crocodiles and Other Stories*, trans. Celina Wieniewska, London, Penguin Books, 2008, 31.

12. 앞의 책, 33.

13. 앞의 책, 35.

14. 앞의 책, 33.

15. 앞의 책, 32.

16. Schulz, "The Mythicization of Reality." 인용은 다음에서 따온 것이다. David A. Goldfarb, Introduction to ibid., xv.

17. *Zibaldone: The Notebooks of Leopardi*, ed. Michael Caesar and Franco D'Intino, London, Penguin Books, 2013, 1819.

18. 앞의 책, 207.

19. 앞의 책, 23~24.

20. 앞의 책, 1913.

21. 앞의 책, 248.

22. 기독교가 유대교보다 진보한 것이라는 개념에 대한 프로이트의 반박은 내가 쓴 다음 책을 참고하라. *The Silence of Animals: On Progress and Other Modern Myths*, London, Penguin Books, 2013, 103.

23. *Zibaldone*, 80.

24. 앞의 책, 285.

25. 앞의 책, 876.

26. Giacomo Leopardi, *The Canti, with a Selection of his Prose*, trans. J. G. Nichols, Manchester, Carcanet, 1998, 53.

27. 앞의 책, 101~102.

28. *Zibaldone*, 2059.

29. 앞의 책, 1997~1998.

30. Leopardi, The Canti, 139.

31. *The Short Fiction of Edgar Allan Poe*, ed. Stuart Levine and Susan Levine, Urbana and Chicago, University of Illinois Press, 1990, 79.

32. Joseph Glanvill, *Scepsis Scientifica*. 인용문은 다음에서 따 온 것이다. H. Stanley Redgrove and I. M. L. Redgrove, *Joseph Glanvill and Psychical Research in the Seventeenth Century*, London, William Rider, 1921, 32~33.

33. *Short Fiction*, 40.

34. 앞의 책, 10~11.

35. Peter Ackroyd, *Poe: A Life Cut Short*, London, Vintage Books, 2009, 159.

36. Jorge Luis Borges, "When Fiction Lives in Fiction", *The Total Library*, 162.

37. J. L. Borges, "The Circular Ruins", *Fictions*, London, Penguin Books, 1970, 73.

38. 앞의 책, 74.

39. 앞의 책, 77.

40. Stanislav Lem, *Solaris, The Chain of Chance, A Perfect Vacuum*, London, Penguin Books, 1985, 75~76.

41. 앞의 책, 194~195.

42. Philip K. Dick, *The Shifting Realities of Philip K. Dick: Selected Leterary and Philosophical Writings*, ed. 로렌스 수틴Lawrence Sutin의 서문. New York, Vintage Books, 1995, 294.

43. 앞의 책, 216.

44. Lawrence Sutin, *Divine Invations: A Life of Philip K. Dick*, London, Gollancz, 2006, 14.

45. 앞의 책, 127.

46. 앞의 책, 128.

47. 딕의 정신착란에 대해서는 다음을 참고하라. 앞의 책, 210.

48. *The Exegesis of Philip K. Dick*, ed. Pamela Jackson and Jpnathan Lethem, London, Gollancz, 2011, 895.

49. Dick, *Shifting Realities*, 284.

50. 앞의 책, 214.

51. 인용은 다음에서 따 온 것이다. Sutin, *Divine Invations*, 229.

52. 앞의 책, 266.

53. Exegesis, 423~424.

54. Sutin, *Divine Invations*, 283.

55. Arkady and Boris Strugatsky, *Roadside Picnic*, trans. Olena Bormashenko, London, Gollancz, 2012, 131~132.

56. 앞의 책, 196~197.

57. 앞의 책, 128.

58. T. F. Powys, *Unclay*, Sherborne, Sundial Press, 2011, 275.

59. Theodore Francis Powys, *Soliloquies of a Hermit*, London, Village

Press, 1975, 1.

60. T. F. Powys, Mr Weston's Good Wine, London, Penguin Books, 1937, 26.

61. 앞의 책, 173~174.

62. 앞의 책, 239.

63. T. F. Powys, *The Only Penitent*, London, Chatto & Windus, 1931, 56~57.

64. Powys, *Soliloquies of a Hermit*, 90.

2장 | 꼭두각시 극장

1. R. S. Thomas, "The Refusal", *Selected Poems*, London, Penguin Books, 2004, 247.

2. Inga Clendinnen, *Aztecs: An Interpretation*, Cambridge, Cambridge University Press, 1991, 141.

3. Clendinnen, Aztecs, 2.

4. 앞의 책, 16.

5. 앞의 책, 53~54.

6. 다음을 참고하라. *Flower and Song: Poems of the Aztec Peoples*, trans. and ed. Edward Kissam and Michael Schmidt, London, Anvil Press Poetry, 2009, 97~116.

7. Clendinnen, *Aztecs*, 88.

8. Thomas Hobbes, *Leviathan*, London, J. M. Dent, 1914, 66, 64~65.

9. "Tezcatlipoca's Song." 다음에 수록됨. *Flower and Song*, 94.

10. Clendinnen, *Aztecs*, 80.

11. 앞의 책, 3.

12. 앞의 책, 88.

13. 앞의 책, 95.

14. 앞의 책, 261.

15. 앞의 책, 262~263.

16. Hobbes, *Leviathan*, 20.

17. Clendinnen, *Actecs*, 17.

18. 다음을 참고하라. Steven Pniker, *The Better Angels of our Nature: Why Violence has Declined*, London, Penguin Books, 2012.

19. 스티븐 핑커의 전투원 사망자 통계 사용에 대한 비판적 평가는 다음을 참고하라. John Arquilla, "The Big Kill", *Foreign Policy*, 3 December 2012. 핑커의 통계에 대한 방법론적 비판은 다음을 참고하라. Nassim Taleb, "The Pinker Problem," 탈레브의 웹사이트. www.fooledbyrandomness.com.

20. 다음을 참고하라. Edward Wilson, "Thank you, Vasili Arkhipov, the man who stopped nuclear war", *Guardian*, 27 October 2012.

21. Frances Yates, *The Rosicrucian Enlightenment*, London, Routledge, 2008, xiii.

22. Benjamin Wooley, *The Queen's Conjuror: The Life and Magic of Dr Dee*, London, Flamingo, 2002, 328.

23. Nobert Wiener, *The Human Use of Human Beings*, 2nd ed., New York, Doubleday, 1954, 34~35. 위너의 인용문은 다음에서 따 온 것이다. Philip Mirowski, *Machine Dreams: Economics Becomes a Cyborg Science*, Cambridge, Cambridge University Press, 2002, 55~56.

24. Norbert Wiener, *God and Golem, Inc.: A Comment on Certain Points Where Cybernetics Impinges on Religion*, Cambridge, Mass., MIT Press, 1964, 29.

25. 인용문은 다음에서 따 온 것이다. Mirowski, *Machine Dreams*, 149.

26. John von Neumann, *The Computer and the Brain*, New Haven and London, Yale University Press, 2012. 레이 커즈와일Ray Kurzweil의 서

문. xi-xii. 커즈와일은 자신의 견해를 다음 책에서 더 발전시켰다. *How to Create a Mind: The Secret of Human Thought Revealed*, London, Duckworth, 2014. 커즈와일의 견해에 대한 나의 평가와 커즈와일이 현대판 영지주의의 한 표현이라는 주장은 내가 쓴 다음 책을 참고하라. *The Immortalization Commission: The Strange Quest to Defeat Death*, London, Penguin Books, 2012, 217~218.

27. Mirowski, *Machine Dreams*, 167.

28. 앞의 책, 19.

29. Ellen Ullman. 인용은 다음에서 따 온 것이다. 앞의 책, 232.

30. 튜링의 업적과 비극적인 삶은 다음을 참고하라. Andrew Hodges, *Alan Turing: The Enigma*, London, Vintage Books, 1992.

31. 커즈와일의 다음 인터뷰를 참고하라. Nadia Khomani, "2029: the year when computers will outsmart their makers", *Guardian*, 22 February 2014.

32. Leonard C. Lewin, *Report from Iron Mountain: On the Possibility and Desirability of Peace*, New York, Free Press, 1996, 93.

33. 앞의 책, 56~57.

34. 앞의 책, 105.

35. 르윈(1916~1999)은 다음 책의 저자이기도 하다. *Triage*, New York, Warner Communications, 1973. 이 책은 사회적으로 부적합하다고 판단된 집단들을 제거하기 위해 은밀히 활동하는 정부 프로그램에 대한 디스토피아적 소설이다.

36. Guy Debord, *Commnets on the Society of the Spectacle*, trans. Malcolm Imrie, London, Verso, 1990, 10~11.

37. 다음을 참고하라. Andrew Hussey, "From Being to Nothingness", *Independent*, 10 December 1995.

38. Debord, *Comments on the Society of the Spectacle*, 11~12.

39. Andrew Gallix, "The resurrection of Guy Debord", *Guardian*, 18 March 2009.

40. Debord, *Comments on the Society of the Spectacle*, 52.

41. 감시 국가의 부상에 대해서는 내가 쓴 다음 책을 참고하라. *Al Qaeda and What It Means to be Modern*, London, Faber & Faber, 2003, 83~84.

42. Leonardo Sciascia, *The Moro Affair*, London, Granta Books, 2002, 24~25.

43. Philip Willan, *Pupetmasters: The Political Use of Terrorism in Italy*, San Jose, New York, Lincoln and Shanghai, Authors Choice Press, 2002, 156~157.

44. Gianfranco Sanguinetti, *On Terrorism and the State: The Theory and Practice of Terrorism Divulged for the First Time*, London, B. M. Chronos, 1982, 59.

45. 상귀네티의 견해가 달라진 데 대해서는 다음을 참고하라. 앞의 책, 루시 포시스Lucy Forsyth의 영어판 서문. 10~11; Andrew Hussey, *The Game of War: The Life and Death of Guy Debord*, London, Pimlico, 2001, 310~321.

46. Norman Cohn, *Warrant for Genocide: The Myth of the Jewish World Conspiracy and the Protocols of the Elders of Zion*, London, Serif, 1996, 117.

47. Richard H. Popkin, *The Second Oswald, Raleigh*, NC, C&M Online Media, 2006, 87~89.

48. 앞의 책, 89.

49. E. M. Forster, "The Machine Stops." 다음에 수록됨. Selected Stories, ed. 데이비드 리비트David Leavitt와 마크 미첼Mark Mitchell의 서문과 주석. London, Penguin Books, 2001, 121.

50. 앞의 책, 94, 98, 100, 101, 104, 116, 120, 121.

51. James Lovelock, *A Rough Ride to the Future*, London, Allen Lane, 2014, 150~151.

52. 앞의 책, 161.

3장 | 위버-마리오네트를 위한 자유

1. Charles Baudelaire, "The Philosophy of Toys." 다음에 수록됨. *On Dolls*, ed. Kenneth Gross, London, Notting Hill Editions, 2013, 17.

2. Samuel Butler, "The Book of the Machines." *Erewhon*, ed. 피터 머드포드Peter Mudford의 서문. London, Penguin Books, 1985, 199.

3. 고대 그리스 샤머니즘의 예언과 꿈에 대한 소크라테스의 믿음은 다음을 참고하라. E. R. Dodds, *The Greeks and the Irrational*, Berkeley and London, University of California Press, 1951, 184~185. 소크라테스가 샤머니즘에서 받은 영향은 내가 쓴 다음 책도 참고하라. *Straw Dogs: Thoughs on Humans and Other Animals*, London, Granta Books, 2003, 25~26.

4. 소크라테스에 대한 니체의 견해는 다음을 참고하라. Friedrich Nietzsche, *The Birth of Tragedy, trans. Shaun Whiteside*, London, Penguin Books, 2003, 64~75.

5. John Williams, *Augustus*, Vintage Books, London, 2003, 310.

6. Heinrich von Kleist, "The Puppet Theatre", *Selected Writings*, ed., trans. David Constantine, Indiannapolis/Cambridge, Hackett Publishing, 2004, 414.